Wolfgang Privitzer
Preiswert schlemmen

Wolfgang Privitzer

Preiswert schlemmen

Lecker, einfach und gesund

Über 250 Gerichte

Mit zahlreichen Illustrationen des Autors

Anaconda

Die Deutsche Nationalbibliothek verzeichnet diese Publikation in der Deutschen Nationalbibliografie; detaillierte bibliografische Daten sind im Internet unter http://dnb.d-nb.de abrufbar.

© 2015 Anaconda Verlag GmbH, Köln
Alle Rechte vorbehalten.
Umschlagmotiv: »Kitchenwares«, © Vadym Tynenko / Thinkstock
Umschlaggestaltung: Harald Braun, Berlin
Sämtliche Illustrationen im Innenteil:
Wolfgang Privitzer, der.zeichner@gmx.at
Satz und Layout: Andreas Paqué, www.paque.de
Printed in Czech Republic 2015
ISBN 978-3-7306-0265-2
www.anacondaverlag.de
info@anacondaverlag.de

Inhalt

Suppen

Basis für Rinds- bzw. Geflügelsuppe	9
Mehlschwitze	9
Zwiebelmehlschwitze	10
Eintropfsuppe	11
Gebrannte Mehlsuppe	12
Grießnockerlsuppe	12
Meerrettichsuppe	13
Minestrone	13
Erbsensuppe	13
Kartoffelsuppe	14
Soljanka	14
Knoblauchcremesuppe	15
Käsesuppe	15
Kartoffel-Krautsuppe	16
Bärlauchsuppe	16
Linsensuppe	18
Scharfe Maissuppe	18
Brotsuppe	19
Tomaten-Mozzarella-Suppe	19
Kartoffel-Käse-Suppe mit Chili-Sticks	20
Griechische Zitronensuppe	20
Krautsuppe mit Gehacktem und Paprika	21
Chinakohlsuppe	21
Mille Fanti (Italienische Weißbrotsuppe)	22
Gartenkräutersuppe	22
Sauerampfersuppe	23
Bärlauchcremesuppe	23
Bärlauch-Kartoffelsuppe	24
Salatsuppe	24
Gurken-Spinatsuppe	25
Mazedonische Bohnensuppe	25
Kürbissuppe	26
Pfifferlingsuppe	26
Kartoffel-Sauerkrautsuppe	27
Rote Linsensuppe mit gebratenem Schafskäse	27
Frühlingsbrennnesselsuppe	28
Paprikasuppe	29
Rahmsuppe	29

Salate

Kartoffelsalat	30
Rote Bohnen mit Schafskäse	30
Eisbergsalat mit Thunfisch	31
Tomaten-Wurst-Salat	32
Saure Wurst (Wurstsalat)	32
Krautsalat	32
Nudelsalat	33
Tortellinisalat	33
Bayrischer Wurstsalat	34
Gegrillter Paprika-Tomaten-Salat	34
Scharfer Nudelsalat	35
Saure Knödel	35

Kartoffelgerichte

Kartoffelpfanne mit Gehacktem	36
Vegetarische Kartoffellaibchen	36
Kartoffelpuffer	37
Grenadiermarsch	37
Bratkartoffel texicana salsa	38
Bauernpfanne	40
Schinkenkartoffelpuffer	40
Kartoffelnudeln	40
Kartoffelgratin Tomaten-Mozzarella	41
Kartoffelpizza	41
Salzkartoffeln mit Schnittlauchsoße	42
Kartoffeleintopf mit Fleisch	42
Kartoffel-Zucchini-Laibchen	43
Kartoffel-Linsengulasch	43
Holzfäller Eierspeis	44
Kartoffelpäckchen mit Käse	44
Kartoffel-Wurstpfanne	45
Kartoffelgulasch	45

Kartoffelteigtascherl 46
Kartoffel-Bärlauchtortilla 46
Rosmarinkartoffeln mit
    Brennnesselsalat 47

Krautgerichte
Grundrezept Sauerkraut 48
Grundrezept Rotkraut 48
Krautfleckerl 49
Krautstrudel 49
Würzige Krautpfanne 50
Krautauflauf 50
Blätterteig-Krauttaschen 51
Tomatenkraut 51

Kürbisgerichte
Kürbisgulasch 52
Kürbispüree 52
Kürbis-Krautrouladen 53
Kürbissuppe 53
Kürbisrisotto 54
Kürbisstrudel 54
Kürbisgratin mit Speck und Käse .. 55
Kürbisspaghetti 55
Kürbis-Reispfanne 56
Kürbis-Nudelauflauf 56

Nockerl, Spätzle, Palatschinken & Omelette
Wasserspatzen 57
Krautnockerl 57
Grundrezept Palatschinken 58
Eiernockerl 59
Pizzapalatschinken 60
Schlutzkrapfen 60
Gemüsepalatschinken 61
Topfenspätzle 61
Käsespätzle 62
Teigtascherl mit Schinken-
    Käse-Füllung 63
Doppelte Fleischpalatschinken 64
Spinatspätzle 64
Speck-Omelette 65
Buttermilch-Speck-Küchlein 65

Käse-Kräuter-Omelette 66
Quark-Nockerl 66

Pizza, Flammkuchen und Fladenbrot
Grundrezept Pizzateig 67
Flammkuchen 68
Sauerkrautflammkuchen 69
Kürbisflammkuchen 69
Pizzastrudel 70
Fladenbrotpizza 72
Fladenbrotpizza mit Thunfisch,
    Tomate und Paprika 72

Gemüsegerichte
Bohnengulasch 73
Blumenkohl in Käsesoße 73
Bohnen-Tomatengemüse 74
Linsen mit Speck 74
Cowboy-Frühstück 75
Chinakohlauflauf 75
Linseneintopf 76
Bohnentortilla mit Paprika 76
Chinakohl-Nudelpfanne 77
Mangold-Linsensoße 77
Spinatrolle 78
Bohneneintopf mit Gehacktem 79
Bohnen-Carbonara 79
Pikante Wurzelgemüsepfanne 80
Gefüllte Tomaten mit Gorgonzola . 80
Spinatnudeln mit Käse-Spiegelei ... 81
Spinat mit Bandnudeln
    und Schinkensoße 81
Chinakohl-Kartoffeleintopf 82

Nudelgerichte
Gemüsenudeln 83
Spiralnudeln mit Karottensugo
    und Basilikum 83
Nudeln mit Karottenpüree 84
Wurstfleckerl 84
Vegetarische Spaghetti 85
Gemüsenudeln mit Thunfisch 85
Schinkennudeln mit Brokkoli 86

Spaghetti alla puttanesca
(»Spaghetti nach Hurenart«) . . 86
Spaghetti mit Spinat 87
Spaghetti Carbonara 87
Vegane Arrabiata 87
Lachsnudeln 88
Pasta Gorgonzola 88
Penne all'arrabiata 88
Gebratene Putenstreifen
auf Spaghetti 89
Penne Bolognese 89
Tortelliniauflauf 90
Hascheehörnchen 91
Farfalle mit Tomaten
und Gehacktem 91
Fleckerltopf 92
Bunte Blechnudeln 92
Nudeln mit Bohnensugo 93

Knödel
Mehlknödel 94
Bayrische Semmelknödel 94
Einlageknödel 95
Kartoffelknödel 96
Kräuter-Leberknödelsuppe 96
Tiroler Speckknödel
in klarer Rindssuppe 97
Gebackene Fleischknödel 98
Tiroler Kasknödelsuppe 98
Roggenbrotknödel 98
Serviettenknödel 99
Böhmische Knödel 100
Knödeltaler mit Schinkensoße 100
Falsches Cordon bleu 101
Sauerkraut-Knödelauflauf 101
Bärlauchknödel 102
Speck-Grießknödel 102

Reisgerichte
Grundrezept Risotto 103
Gemüserisotto 103
Wokgemüse mit Reis 104
Überbackene Reislaibchen 105
Plov 105

Gemüse-Reispfanne 106
Mexikanische Reispfanne 106
Tomaten-Reispfanne 107
Reisbällchen mit Tomatensoße 107
Deftiger Reistopf 108
Reisfleisch 108
Risipisi mit Hühnerfleisch 109
Brennnesselrisotto 109
Fischrisotto 110
Thunfisch-Reispfanne 110

Aufläufe und Ofengerichte
Nudel-Würstchenauflauf 111
Spinatlasagne 111
Vegetarischer Nudelauflauf
mit Tomatensahnesoße 112
Spaghettiauflauf 113
Bratwurst-Cannelloni 113
Puten-Brokkoliauflauf 114
Blumenkohlauflauf 114
Kartoffelspalten mit scharfem
Tomatengemüse 115
Zwiebelkuchen mit Speck 116
Gefüllte Kartoffeln mit Weißkraut . 116
Vegetarischer Nudelauflauf mit
Tomaten und Paprika 117
Gefüllte Folienkartoffeln mit Speck 118
Bohnen-Tomaten-Quiche 118
Tomaten-Mozzarella-Auflauf 119
Kartoffelpüree-Spinatauflauf 119

Fleischgerichte
Steyrer Pfanne 120
Wurstpfanne 120
Bratwurstpfanne 121
Falsche Fleischpalatschinken 121
Würstchen-Eintopf mit Kartoffeln
und Porree 122
Chili con carne 123
Szegediner Gulasch 123
Schinken-Käsestrudel 124
Köttbullar (Schwedische
Fleischbällchen) 124
Westernpfanne 125

Toskana-Laibchen 126

Jägerkohl 126

Gulasch 127

Fleischeintopf mit Kartoffeln 128

Hot-Dogs mit
Meerrettich-Mayonnaise 128

Überbackene Fleischlaibchen in
Champignon-Tomatensoße ... 129

Tacos mit Fleischfüllung 130

Hühnchengerichte

Ein Huhn verarbeiten 131

Hühnereintopf mit Bohnen 134

Hühnerstreifen auf
Bohnen-Mais-Gröstl 134

Paprikahuhn 135

Hühnerpfanne 135

Hühnereintopf mit Tomaten-
Zucchinigemüse 136

Chicken Pot Pie 136

Gefülltes Brathuhn 137

Bunte Gemüsepfanne
mit Hühnchen 138

Hühnereintopf mit
Gemüse und Nudeln 138

Fischgerichte

Seelachsfilet mit Reis 139

Ofenfisch 139

Fish & Chips 140

Thunfischstrudel 140

Thunfischnudeln 142

Fischlaibchen 142

Süßes

Süßer Flammkuchen 143

Kokosbusserl 143

Milchreis 143

Apfelkuchen 144

Griessterz 144

Nussauflauf 145

Obsttorte 145

Kaiserschmarren 146

Apfelauflauf 147

Süße Kartoffelnudeln 148

Quarkknödel 148

Apfelknödel 149

Apfelschmarren 149

Palatschinkenauflauf 150

Schokonusskuchen 150

Süße Quarknudeln 151

Apfel-Quarkauflauf 151

Gebackene Apfelringe 151

Kartoffelnudeln mit Mohn 152

Griesschmarren 152

Kokosreis 152

Apfelspatzen 153

Süße Topfenfladen 153

Quark-Obstkuchen 154

Schneller Schokokuchen 154

Aufstriche, Dips und Snacks

Grundrezept Lángos 155

Gefüllte Lángos 155

Bärlauchaufstrich 156

Löwenzahnaufstrich 156

Sardinen-Frischkäseaufstrich 157

Radieschenaufstrich 157

Bärlauchmus 157

Brennnesselpesto 158

Joghurtsoße 158

Löwenzahnsoße 159

Kleine Fladenbrote 159

Heißes Knoblauchbrot 160

Knoblauch-Käse-Joghurt-Dip 160

Suppen

Basis für Rinds- bzw. Geflügelsuppe

Zutaten: 1 Packung Suppenfleisch vom Rind bzw. Geflügel
(Hühnerrücken)
1 Bund Suppengemüse
1 gewürfelte Zwiebel
2 l Wasser
1 großer EL Butter
Salz, Pfeffer

Fleisch und Knochen (im Idealfall Mark- und Gelenkknochen) und das gewaschene, grob zerkleinerte Suppengemüse in einem Topf mit zerlassener Butter scharf anbraten. Anschließend mit ausreichend kaltem Wasser ablöschen und einmal kurz aufkochen lassen. Den Schaum, der sich durch das Aufkochen bildet, abschöpfen und dann die Hitze reduzieren. Bei offenem Deckel mindestens 2 Stunden leise kochen. Je länger die Suppe köchelt, desto intensiver schmeckt sie. Zum Schluss die Suppe mit Salz und Pfeffer würzen.

Die Suppe kann nach dem Kochen auch portioniert eingefroren werden, um sie später als Basis für Soßen oder Eintöpfe zu verwenden.

Tipp: Für die Geflügelsuppe sollte am besten das Fleisch älterer Tiere verwendet werden, da sich bei diesen die leckeren Geschmacksstoffe intensiver ausgebildet haben als bei jungen Tieren.

Mehlschwitze

Zutaten: 2 EL Butter
1–2 EL Mehl
500 ml Wasser

Die Mehlschwitze ist die Basis für viele unterschiedliche Gerichte: von Suppen über Soßen, bis hin zu Eintopf- oder Gemüsegerichten.

2 EL Butter in einem Topf bei mittlerer Hitze zergehen lassen. 1–2 EL Mehl dazugeben und unter ständigem Rühren leicht anrösten. Darauf ca. 500 ml Wasser gießen und mit dem Schneebesen verrühren, sodass keine Klumpen entstehen. Jetzt kann die Mehlschwitze nach Wunsch weiterverwendet werden.

Zwiebelmehlschwitze

Die Zubereitung der Zwiebelmehlschwitze ist ähnlich wie die der Mehlschwitze. Man benötigt zusätzlich nur eine fein geschnittene Zwiebel. Nachdem die Butter zerlassen ist, die Zwiebel glasig andünsten und anschließend das Mehl in den Topf streuen und mit einem Schneebesen verrühren. Anschließend das Wasser hinzugeben und mit dem Schneebesen verrühren, sodass keine Klumpen entstehen.

Tipp: Eine Zwiebel schneiden – so geht es ganz einfach!

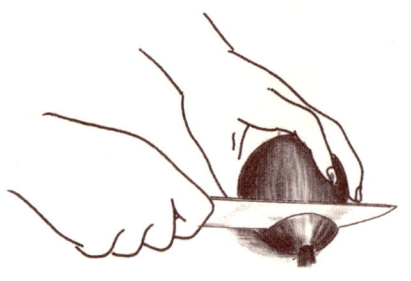

1. *Nur den Stielansatz der Zwiebel abschneiden, das Wurzelende bleibt dran*

2. *Die Schale entfernen, das Wurzelende soll dabei jedoch intakt bleiben*

3. *Halbieren und horizontal einschneiden*

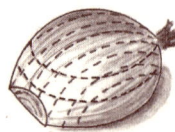

4. *Der Länge nach einschneiden*

Achtung: *Beim Schneiden immer die Fingerkuppen nach hinten biegen – so kann nichts passieren.*

5. *Jetzt vertikal in kleine Zwiebelstücke schneiden*

Eintropfsuppe

Zutaten: 1 l klare Rinds- oder Hühnersuppe
1 Ei
100 g Mehl
2–3 EL Pflanzenöl (Sonnenblumen- oder Maiskeimöl)
Milch
Salz, Pfeffer,
Schnittlauch

Die Rinds- oder Hühnersuppe aufkochen. Das Ei mit dem Mehl und Öl in einem Becher mit einer Gabel zu einem flüssigen Teig verrühren, mit Salz und Pfeffer würzen. Etwas Milch hinzufügen und nochmals durchrühren. Wenn die Suppe kocht, den Teig über eine Gabel in die wallende Suppe tropfen und kurz aufkochen lassen.

Anschließend mit geschnittenem Schnittlauch bestreut servieren.

Tipp: Wenn die Teigmasse zu dick sein sollte, etwas Milch oder Wasser hineingießen und nochmals gut verrühren. Falls der Teig zu flüssig sein sollte, lässt er sich mit etwas Mehl andicken.

Dieser Trick funktioniert auch bei Palatschinken, Nockerl, Spätzle und Omelette (siehe Abschnitt Seiten 57–66).

Gebrannte Mehlsuppe

Zutaten: 20 g Butter
30 g Mehl
1 l klare Suppe (Rinds- oder Gemüsesuppe)
1 Ei
Salz, Pfeffer, Schnittlauch

Butter in einem Topf zerlassen, Mehl einrühren und unter ständigem Rühren goldgelb rösten. Anschließend etwas Wasser hinzugeben und mit dem Schneebesen gut verrühren, damit keine Klumpen entstehen. Die Suppe aufgießen, durchrühren und aufkochen. Danach das rohe Ei versprudeln und mit geschnittenem Schnittlauch bestreut servieren. Hierzu passen außerdem geröstete Roggenbrotwürfel.

Grießnockerlsuppe

Zutaten: 80 g Grieß (Nockerlgrieß)
1 Ei
30 g Butter
1 l Rindssuppe
Salz, Schnittlauch

Butter in einem Becher schaumig schlagen. Anschließend mit dem Ei und einer Prise Salz mit einem Schneebesen verrühren. Den Grieß dazugeben und gut vermischen. Das Ganze mindestens 20 Minuten ruhen lassen. Etwa 2 l Wasser in einem Topf aufkochen, salzen und die Hitze etwas reduzieren. Mit 2 Teelöffeln die Nockerl formen, in das leicht köchelnde Wasser geben und ca. 12 Minuten leicht köcheln lassen.

Anschließend den Topf vom Herd nehmen, mit geschlossenem Deckel 8–10 Minuten ziehen lassen und danach die Nockerl vorsichtig aus dem Wasser nehmen. Während der Ziehzeit die Rindssuppe erwärmen, die Nockerl hineingeben (nicht mehr kochen) und mit fein gehacktem Schnittlauch bestreut servieren.

Meerrettichsuppe

Zutaten: ½ Glas Meerrettich
2 mittelgroße fein geschnittene Zwiebeln
3 Knoblauchzehen
3–4 Scheiben Brot ohne Rinde
1 l Rindssuppe
250 g saure Sahne
3 EL Butter

Brot in Würfel schneiden. Butter langsam in einem Topf erhitzen und die Zwiebel darin leicht anrösten. Brot und den gepressten Knoblauch dazugeben und kurz anbraten. Etwas Suppe aufgießen, 5 Minuten köcheln lassen und anschließend pürieren. Die restliche Suppe hinzufügen, kurz aufkochen lassen und den Meerrettich einrühren. Das Ganze nun mit saurer Sahne verfeinern.

Minestrone

Zutaten: 1 kg gemischtes TK-Gemüse
2 gewürfelte Zwiebeln
500 ml Tomatensaft
500 ml Wasser
2 Suppenwürfel (Gemüsesuppe)
2 EL Olivenöl
Salz, Pfeffer, italienische Kräuter

In einem Topf das Öl erhitzen und die geschnittene Zwiebeln goldgelb anrösten. Das Gemüse dazugeben und leicht rösten. Wasser und Tomatensaft aufgießen, die Suppenwürfel einstreuen und leicht köcheln lassen, bis das Gemüse knackig ist. Nun mit italienischen Kräutern, Salz und Pfeffer abschmecken.

Erbsensuppe

Zutaten: 1 Dose gelbe Erbsen
1 l Wasser
1 Suppenwürfel
Weißbrot
Salz, Pfeffer

Die Erbsen in ein Sieb leeren, unter kaltem Wasser gut waschen und abtropfen lassen. Anschließend in einen Topf geben und mit Wasser bedecken. Das Ganze weich kochen und pürieren. Die Erbsensuppe sollte nicht zu dünn sein, Suppenwürfel hinzugeben, mit Salz und Pfeffer würzen und mit gerösteten Weißbrotwürfeln servieren.

Kartoffelsuppe

Zutaten: 1 kg mehlige Kartoffeln
1 TL Butter
1 EL Mehl
1 l Wasser
2–3 Suppenwürfel
1 Schuss Tafelessig
Salz, Pfeffer, Kümmel, Majoran, Petersilie

Kartoffeln waschen und schälen. In kleine Würfel schneiden und in einer Schüssel mit Wasser stehen lassen. Aus Butter und Mehl eine Mehlschwitze herstellen (siehe Seite 9) und mit 1 l kaltem Wasser aufgießen. Alles verrühren, bis keine Klumpen mehr zu sehen sind. Suppenwürfel einbröseln und die Kartoffeln dazugeben. Mit Salz, Pfeffer, Kümmel, Majoran und Essig würzen und auf kleiner Flamme etwa 30 Minuten so lange leise köcheln lassen, bis die Kartoffeln weich sind. Mit Petersilie bestreut servieren.

Soljanka

Zutaten: 1 l Instant-Tomatensuppe
500 g Hartwurst (z. B. Krakauer, Mettwurst, Salami)
4 rote Paprika
2 Knoblauchzehen
4 Chilischoten
2 gewürfelte Zwiebeln
2 EL Sonnenblumen- oder Maiskeimöl
250 g saure Sahne
1 Glas Gewürzgurken
Salz, Pfeffer, Majoran, Petersilie, Paprikapulver edelsüß

Paprika waschen, entkernen und klein schneiden. Die Chilis und den Knoblauch schneiden. Das Öl in einem Topf erhitzen und alles zusammen mit der klein geschnittenen Hartwurst anbraten. Majoran und Paprikapulver einrühren und schnell mit der Suppe ablöschen. Nun die Gewürzgurken in dünne Scheiben schneiden und dazugeben. Alles aufkochen lassen, mit Salz und Pfeffer abschmecken, die saure Sahne einrühren und mit Petersilie bestreut servieren.

Tipp: Paprikapulver, das auf heißes Fett gegeben wird, muss immer schnell mit Suppe oder Wasser abgelöscht werden, da es ansonsten bitter wird.

Knoblauchcremesuppe

Zutaten: 3–4 Zehen Knoblauch
1 große gewürfelte Zwiebel
1 l Gemüsesuppe
250 g saure Sahne
1–2 EL Mehl
1 EL Maisstärke
1 EL Olivenöl
Salz, Pfeffer, Kümmel

Olivenöl erhitzen und die klein geschnittene Zwiebel langsam rösten. Den gepressten Knoblauch dazugeben. Unter ständigem Rühren auf kleiner Flamme so lange rösten, bis die Mischung goldgelb wird. Das Mehl einrühren und rasch die Hälfte der Suppe aufgießen. Gewürze dazugeben, einmal aufkochen lassen und vom Herd nehmen. Jetzt alles pürieren und wieder auf den Herd stellen. Die saure Sahne mit der Maisstärke vermengen und in die Suppe geben. Nochmals unter ständigem Rühren kurz aufkochen lassen und vom Herd nehmen. Mit gerösteten Roggenbrotwürfeln servieren.

Käsesuppe

Zutaten: 4 Stangen Lauch
400 g Schmelzkäse
750 ml Wasser
500 ml Milch
Salz, Pfeffer

Den gewaschenen Lauch in Ringe schneiden und in ca. 750 ml Wasser 2–3 Minuten kochen. Die Milch und den Schmelzkäse einrühren und auf kleiner Flamme unter Rühren köcheln lassen, bis der Käse aufgelöst ist. Mit Salz und Pfeffer abschmecken und mit Weißbrot oder Fladenbrot servieren.

Kartoffel-Krautsuppe

Zutaten: 1 kg Sauerkraut
100 g Speck
3 große mehlige Kartoffeln
5 große Tomaten
2 große gewürfelte Zwiebeln
250 g saure Sahne
Schmalz
1 EL Zucker
2 l Wasser
2–3 Suppenwürfel
Paprikapulver edelsüß und scharf, gemahlenen Kümmel

Zwiebeln im Schmalz anbraten. Den geschnittenen Speck dazugeben und ebenfalls rösten. Zucker und danach das Sauerkraut beigeben, umrühren und mit Paprika, Salz und Kümmel würzen. Die in Würfel geschnittenen Tomaten einrühren, 2 l Wasser aufgießen und die Suppenwürfel einstreuen. Das Ganze sollte jetzt 1 ½ Stunden bei halb geschlossenem Deckel leise vor sich hinköcheln. Danach werden die rohen, geschälten Kartoffeln mit der Raspel hineingerieben. Alles nochmals etwa 30 Minuten köcheln lassen und dann heiß mit einem großen Löffel saurer Sahne servieren.

Tipp: Diese Suppe lässt sich noch verfeinern, indem man ein Stück Selchfleisch, Rippchen oder geschnittene Bratwürste mitkocht.

Bärlauchsuppe

Zutaten: 500 g Bärlauch
4 mehlige Kartoffeln
80 g Butter
1 l klare Gemüsesuppe
1 Eigelb
1 Becher Schlagsahne
Salz, Pfeffer, Muskat

Den Bärlauch waschen und abtropfen lassen. In einem Topf die Butter zerlassen und den Bärlauch darin glasig andünsten. Die Kartoffeln schälen und roh hineinreiben. Mit Salz, Pfeffer und Muskat würzen, vermengen und die Gemüsesuppe aufgießen. Etwa 15 Minuten auf kleiner Flamme köcheln lassen und danach pürieren. Das Ei trennen und anschließend die Suppe mit süßer

Sahne und dem Eigelb verfeinern. Gut durchrühren und nicht mehr aufkochen.

Tipp: Eier trennen

Für die Zubereitung vieler Speisen werden Eiweiß und Eigelb getrennt voneinander benötigt. Dazu muss man »Eier trennen«. Das Eiweiß wird meist zu Eischnee weiterverarbeitet, das Eigelb oft zum Bestreichen von Backwaren verwendet oder zur Verstärkung der Farbe im Kuchen.

Schritt 1:

Beim Eier trennen darf man zunächst das Ei nicht zu fest an den Rand einer Schüssel schlagen, sodass die Schale nur anbricht. An der Bruchstelle ansetzen und das Ei über der Schüssel vorsichtig in 2 Teile brechen.

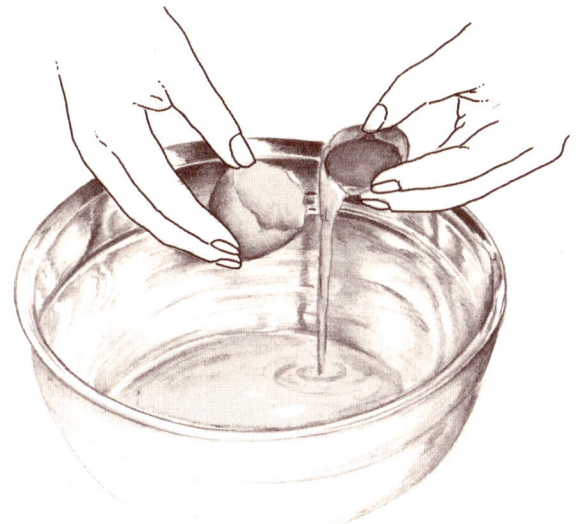

Schritt 2:

Ein Teil des Eiweißes tropft sofort in die Schüssel, der Rest wird nach und nach getrennt, indem man das Eigelb abwechselnd von der einen Schalenhälfte in die andere füllt und dabei das Eiweiß in die Schüssel abtropfen lässt. Wichtig ist, dass das Eiweiß sauber bleibt und keine Spur vom Eigelb dazukommt.

Schritt 3:

Sind das Eiweiß und Eigelb vollständig voneinander getrennt, kann das Eigelb zur weiteren Verarbeitung in eine separate Schüssel gegeben werden.

Linsensuppe

Zutaten: 1 Dose Linsen
250 g Speckwürfel
1 klein geschnittene Zwiebel
1 Bund Suppengemüse
2 EL Mehl
2 EL Butter
1 l Wasser
2 Suppenwürfel
Pfeffer, Kümmel, 1 Bund Petersilie

Die Linsen in ein Sieb geben, unter kaltem Wasser gut abspülen und abtropfen lassen. Die Petersilie aus dem Suppengemüse nehmen und hacken; das übrige Suppengemüse möglichst klein schneiden. Die Butter in einem Topf langsam erhitzen, die Zwiebel und das Suppengemüse darin rösten, bis die Zwiebel leicht Farbe nimmt. Die Speckwürfel dazugeben und kurz anbraten. Das Mehl einrühren, 1 l Wasser aufgießen und etwa 10 Minuten leise köcheln lassen, bis das Gemüse bissfest ist. Die Linsen dazugeben, mit Suppenwürfeln würzen und mit Kümmel und Pfeffer abschmecken. Mit gehackter Petersilie bestreut servieren. Dazu passt Roggenbrot.

Scharfe Maissuppe

Zutaten: 2 Dosen Mais
2 klein gewürfelte Zwiebeln
2 Chilis
1,5 l Milch
2 EL Olivenöl
2 Suppenwürfel
Salz, Pfeffer

Chilis halbieren, die Körner herausschneiden und kleinwürfelig schneiden. Olivenöl in einem Topf erhitzen, Zwiebeln und Chilis langsam anschwitzen, den Mais dazugeben, und wenn die Zwiebeln etwas Farbe bekommen, etwa 500 ml Milch aufgießen. Das Ganze aufkochen lassen und pürieren. Die restliche Milch hinzugeben und erneut kurz aufkochen lassen. Mit Suppenwürfeln, Salz und Pfeffer abschmecken.

Tipp: Nach dem Schneiden von Chilis sollten unbedingt die Hände gewaschen werden.

Brotsuppe

Zutaten: 200 g (altes) Roggen- oder Vollkornbrot bzw. 1 (hartes) Kornspitz
1–2 Karotten
1 große gewürfelte Zwiebel
1 l Rindssuppe
125 g saure Sahne
2 EL Olivenöl
Salz, Pfeffer, Muskat

Karotten schälen und in Würfel schneiden. Öl in einem Topf erhitzen, Zwiebel anschwitzen, Karottenwürfel beigeben und rösten. Brot in Würfel schneiden, hinzufügen und kurz rösten. Suppe aufgießen, würzen und köcheln lassen, bis die Karotten weich sind. Zum Schluss die saure Sahne einrühren und pürieren.

Tomaten-Mozzarella-Suppe

Zutaten: 800 g Tomaten
250 g Mozzarella
1 Pfefferoni/Chili
2 klein geschnittene Zwiebeln
1 Knoblauchzehe
750 ml Gemüsesuppe
2 EL Olivenöl
Salz, Pfeffer, frische Kräuter
(Basilikum, Petersilie,
Rosmarin, Thymian,
Schnittlauch)

Pfefferoni halbieren, Stiel und Körner entfernen und klein schneiden. Öl in einem Topf erhitzen, Zwiebel, gepressten Knoblauch und Pfefferoni anschwitzen. Tomaten waschen, in Stücke schneiden und anschließend hinzugeben, kurz anschwitzen und die Suppe aufgießen. Das Ganze mit Salz und Pfeffer würzen. Die Kräuter abzupfen, klein schneiden, untermischen und einmal aufkochen lassen. Danach die Hitze reduzieren, 20 Minuten bei geschlossenem Deckel auf kleinster Stufe köcheln lassen und anschließend pürieren. Mozzarella in kleine Würfel schneiden. Suppe in Tassen füllen, mit Mozzarella und Schnittlauch garniert anrichten.

Kartoffel-Käse-Suppe mit Chili-Sticks

Zutaten: 600 g mehlige Kartoffeln
1 gewürfelte Zwiebel
6 Knoblauchzehen
250 g Schmelzkäse
Geraspelter Hartkäse
125 g saure Sahne
750 ml Hühnersuppe
Pfeffer

Die Kartoffeln schälen und kleinwürfelig schneiden. Die Hühnersuppe erhitzen, Zwiebel, Kartoffeln und gepressten Knoblauch hineingeben und etwa 20 Minuten leicht köcheln lassen. Die Hälfte der Gemüseeinlage herausnehmen und beiseite stellen. Jetzt die saure Sahne in die restliche Suppe geben und alles fein pürieren. Bei kleiner Hitze den Schmelzkäse beigeben und schmelzen lassen. Anschließend das beiseite gestellte Gemüse wieder in die Suppe geben und mit dem Hartkäse und Pfeffer abschmecken.

Für die Chili-Sticks:

Zutaten: 2–3 festkochende Kartoffeln
Pflanzenöl
Salz, Chilipulver

Die Kartoffeln waschen, schälen und in etwa streichholzgroße dünne Stifte schneiden. Auf Küchenpapier trocken tupfen. Das Öl in einer großen Pfanne erhitzen und die Kartoffel-Sticks goldgelb frittieren. Auf Küchenpapier abtropfen lassen, mit Salz und Chilipulver bestreuen. Die heiße Suppe in Suppenschalen geben und mit den Sticks bestreuen.

Griechische Zitronensuppe

Zutaten: 60 g Langkornreis
1 ½ Zitronen
3 Eigelbe
1 l Hühnersuppe
Salz, Pfeffer

Hühnersuppe aufkochen, den Reis hinzugeben und 20 Minuten leise köcheln lassen. ½ TL Zitronenschale abreiben, 1 Zitrone auspressen, die restliche halbe Zitrone in 4 dünne Scheiben schneiden. Eigelbe in einer großen Tasse gut verrühren und den Zitronensaft langsam einrühren. Anschließend eine Tasse der heißen – aber nicht mehr kochenden – Hühnersuppe zugeben. Alles zusammen unter Rühren wieder zurück in den Topf gießen. Mit Zitronenschale, Salz und Pfeffer abschmecken, nicht mehr aufkochen und mit den Zitronenscheibchen garniert servieren.

Krautsuppe mit Gehacktem und Paprika

Zutaten: 500 g Sauerkraut
500 g Gehacktes (gemischt)
2 rote Paprika
250 g geschnittene Zwiebeln
3 Knoblauchzehen
2 EL Tomatenmark
1 l Rindssuppe
1 Becher Crème fraîche
2 EL Rapsöl
2 TL Paprikapulver edelsüß
½ TL Paprikapulver scharf
Salz, Cayennepfeffer, Kümmel

Paprika putzen und in kleine Stücke schneiden. In einem Topf das Öl erhitzen, die Zwiebeln und den gepressten Knoblauch anbraten. Die Paprikawürfel hinzugeben und kurz rösten. Das Gehackte dazugeben und so lange rösten, bis keine Flüssigkeit mehr zu sehen ist. Paprikapulver einrühren und die Suppe aufgießen. Das Sauerkraut untermischen, würzen und 10 Minuten köcheln lassen. Die Crème fraîche einrühren und servieren.

Chinakohlsuppe

Zutaten: 1 kg Chinakohl
4 Frankfurter Würstchen
2 Karotten
2 gewürfelte Zwiebeln
2–3 EL Maiskeim- oder Sonnenblumenöl
1 l Wasser
1 Becher Schlagsahne
2–3 Würfel Hühnersuppe oder Hühnersuppengranulat
Sojasoße, Pfeffer, Curry, Salz, Chili

Chinakohl zerteilen, Strunk herausschneiden, Blätter waschen und anschließend in Streifen schneiden. Karotten putzen und in streichholzlange Stifte schneiden. Frankfurter Würstchen in dünne Scheiben schneiden. Öl in einem Topf erhitzen und die Zwiebel darin goldbraun anschwitzen. Chinakohl dazugeben und unter ständigem Rühren anbraten. Karottenstifte hinzufügen und mit 1 l Wasser auffüllen. Die Suppenwürfel dazugeben und langsam aufkochen. Sahne einrühren, mit Sojasoße, Salz, Pfeffer, Curry und Chili würzen und langsam köcheln lassen. In der Zwischenzeit in einer Pfanne Öl erhitzen und die Würstchenscheiben knusprig anbraten. Die fertige Suppe zum Schluss mit den Würstchenscheiben bestreuen und servieren. Dazu passt Baguette oder Fladenbrot.

Mille Fanti (Italienische Weißbrotsuppe)

Zutaten: 200 g (altes) Weißbrot
100 g Butter
2 Eier
300 g Parmesan
1 l Rindssuppe
Salz, Pfeffer, Muskat, Petersilie, 1 Bund Schnittlauch

Weißbrot entrinden und in Würfel schneiden. Butter in einem Topf zerlassen und die Weißbrotwürfel leicht anrösten, Suppe auffüllen und aufkochen. Die Eier mit dem Parmesan und der Petersilie in einer Schüssel verrühren und anschließend unter ständigem Rühren in die heiße Suppe einlaufen lassen. Mit Salz, Pfeffer und Muskat würzen und mit fein geschnittenem Schnittlauch bestreut servieren.

Gartenkräutersuppe

Zutaten: 200 g mehlige Kartoffeln
150 g frische Gartenkräuter (Petersilie, Kerbel, Schnittlauch)
2 Zweige Liebstöckel
2 gewürfelte Zwiebeln
1 l Gemüsesuppe
125 ml Schlagsahne
2 EL Olivenöl
Salz, Pfeffer

Kartoffeln waschen, schälen, in Würfel schneiden und in eine Schale mit Wasser legen. In einem Topf das Olivenöl erhitzen und die Zwiebelstücke anschwitzen. Die abgetropften Kartoffelwürfel hinzugeben, die Hälfte der Gemüsesuppe aufgießen und alles weich kochen. Liebstöckelzweige einrühren, kurz aufkochen lassen und dann die Suppe fein pürieren; anschließend die restliche Suppe aufgießen. Die grob gehackten Gartenkräuter untermischen und pürieren. Das Ganze nochmals aufkochen, die Sahne einrühren und zum Schluss mit Salz und Pfeffer abschmecken.

Sauerampfersuppe

Zutaten: 2 Handvoll Sauerampfer
1 Bund Petersilie
250 g saure Sahne
1 l Wasser
60 g Mehl
60 g Margarine
1 Zitrone
Salz, Pfeffer

Sauerampferblätter vom Stängel zupfen, in ein Sieb geben, waschen, abtropfen lassen und zerkleinern. Petersilie klein schneiden. Margarine in einem Topf erhitzen und das Mehl einrühren. Unter ständigem Rühren erst die Petersilie und danach den Sauerampfer dazugeben. Das Wasser langsam aufgießen und dabei immer weiter rühren. Anschließend mit Salz und Pfeffer abschmecken. Die Schale der Zitrone raspeln und den Saft der Zitrone pressen. Beides in die Suppe einrühren und 10 Minuten köcheln lassen. Die saure Sahne durchrühren und in die Suppe geben; nochmals aufkochen lassen und mit Roggenbrot servieren.

Bärlauchcremesuppe

Zutaten: Etwa 300 g Bärlauch
2 gewürfelte Zwiebeln
4 EL Butter
1 l Gemüsesuppe
1 Becher Schlagsahne
Salz, Pfeffer

Bärlauch waschen und zerkleinern. 1 EL davon ganz fein hacken und zur Seite stellen. Butter in einem Topf erhitzen und die Zwiebelstücke darin glasig dünsten. Den geschnittenen Bärlauch dazugeben, unter ständigem Rühren ebenfalls andünsten und die Suppe aufgießen. Das Ganze einmal kurz aufkochen lassen. Die Sahne einrühren, alles fein pürieren und mit Salz und Pfeffer abschmecken. Den fein gehackten Bärlauch auf die Suppe streuen und servieren.

Bärlauch-Kartoffelsuppe

Zutaten: 200 g frischen Bärlauch
1 kg mehlige Kartoffeln
2–3 gewürfelte Zwiebeln
1 l Gemüsesuppe
1 Becher Crème fraîche
5 EL Olivenöl
Schale einer Zitrone
Salz, Pfeffer

Kartoffeln schälen und würfeln. Bärlauch waschen und trocken schleudern. Olivenöl in einem Topf erhitzen und die Zwiebeln glasig dünsten. Danach die Kartoffelwürfel dazugeben und kurz dünsten. Mit der Gemüsesuppe ablöschen, die geriebene Zitronenschale beigeben, mit Salz und Pfeffer würzen und zugedeckt 5–8 Minuten köcheln lassen. Die Stiele der Bärlauchblätter abschneiden, den Bärlauch in Streifen schneiden und in die Suppe geben. 2–3 Minuten köcheln lassen, danach die Crème fraîche einrühren und mit Brot servieren.

Salatsuppe

Zutaten: 2 Kopfsalate
2 Eigelbe
100 g saure Sahne
1,5 l Hühnersuppe
40 g Butter
40 g Mehl
Salz, Pfeffer,
Basilikum,
Liebstöckel,
Oregano

Salat zerlegen, die Blätter waschen, abtropfen lassen und kleine Stücke rupfen. Die Butter in einem Topf zerlassen, den Salat kurz dünsten, anschließend mit Mehl bestauben und die Suppe unter ständigem Rühren aufgießen. Das Ganze 10 Minuten köcheln lassen und dann pürieren. Mit Salz, Pfeffer und den Kräutern abschmecken. Vor dem Anrichten die saure Sahne und die Eigelbe vermengen und in die heiße Suppe einrühren, aber nicht mehr aufkochen lassen. Mit Brot oder Backwaren servieren.

Tipp: Wer Kopfsalat als Beilagensalat zubereitet, sollte ihn erst kurz vor dem Servieren mit dem Dressing vermischen, da er sonst in sich zusammenfällt.

Gurken-Spinatsuppe

Zutaten: 1 Salatgurke
100 g TK-Blattspinat
1 gewürfelte Zwiebel
750 ml Gemüsesuppe
150 g Crème fraîche
15 g Butter
1 TL Maisstärke
Salz, Pfeffer, Dill

Salatgurke schälen, der Länge nach halbieren und in dünne Scheiben schneiden. Butter in einem Topf zerlassen, Zwiebelstücke und Gurkenscheiben kurz scharf anbraten. Die Gemüsesuppe aufgießen und den TK-Spinat dazugeben. Mit geschlossenem Deckel etwa 10 Minuten leise köcheln lassen. Die Crème fraîche mit der Maisstärke vermengen und in die Suppe einrühren. Alles nochmals kurz aufkochen, mit Salz und Pfeffer abschmecken und mit etwas Dill bestreut servieren.

Mazedonische Bohnensuppe

Zutaten: 250 g Gulaschfleisch (vom Schwein)
1 Dose weiße Bohnen
2 gewürfelte Zwiebeln
1 l Gemüsesuppe
5 EL Olivenöl
3–4 EL Paprikapulver scharf
Salz, Pfeffer, Chili

Das Gulaschfleisch putzen, Fett und Sehnen abtrennen und in gleich große Würfel schneiden. In einem Topf das Öl erhitzen und die Zwiebeln darin goldgelb anrösten. Das Fleisch dazugeben, scharf anbraten und immer wieder rühren. Das Paprikapulver in den Topf streuen und mit der Suppe ablöschen. Etwa 1 Stunde köcheln lassen, bis das Fleisch weich ist. Die Bohnen aus der Dose in ein Sieb schütten, unter fließendem kalten Wasser gut spülen, abtropfen lassen, in die Suppe geben und würzen. Je nach Geschmack kann man die Suppe eindicken, indem man einen EL Mais- oder Kartoffelstärke in einen Becher saure Sahne einrührt und das Ganze in die Suppe gibt und ein Mal aufkochen lässt. Dazu passen Backwaren oder Brot.

Kürbissuppe

Zutaten: 1 großer Speisekürbis
1,5 l Gemüsesuppe
3 Knoblauchzehen
1 Becher Schlagsahne
4 EL Mehl
3 EL Olivenöl
2 EL Zucker
Salz, Pfeffer, Muskat, Curry und Cayennepfeffer

Den Kürbis vierteln, das faserige Innenleben und die Kerne mit einem Löffel ausheben. Das Kürbisfleisch von der Schale trennen und in Würfel schneiden. Olivenöl in einem Topf erhitzen und die Kürbisstücke kurz anrösten. Die Suppe aufgießen und etwa 15–20 Minuten köcheln lassen, bis alles weich ist. Anschließend alles fein pürieren und währenddessen so viel Mehl zugeben, dass eine leicht sämige Konsistenz entsteht. Nun den gepressten Knoblauch, Butter, Zucker und die Gewürze in die Suppe geben und aufkochen lassen. Den Topf vom Herd nehmen und einige Minuten ruhen lassen. Danach die Sahne einrühren und servieren.

Pfifferlingsuppe

Zutaten: 200 g frische Pfifferlinge
10 g getrocknete Steinpilze
200 g durchwachsener Speck
1 klein geschnittene Zwiebel
1 Knoblauchzehe
250 ml Weißwein
500 ml Gemüsesuppe
125 ml Wasser
20 g Butter
Salz, Pfeffer, Thymian, Petersilie

Die getrockneten Steinpilze unter Wasser abspülen und in einer Schüssel Wasser für etwa 1 Stunde einweichen. In der Zwischenzeit die Gemüsesuppe kurz aufkochen und anschließend auf geringer Temperatur warm halten. Speck in Würfel schneiden. Die Pfifferlinge putzen. Die Butter in einem Topf zerlassen, den Speck und die Zwiebel darin anrösten. Anschließend die Pfifferlinge dazugeben und bei niedriger Temperatur weich dünsten. Mit Thymian, Salz und Pfeffer würzen und den gepressten Knoblauch dazugeben. Danach mit Wein ablöschen, gut umrühren und die Suppe aufgießen. Die eingeweichten Steinpilze aus dem Wasser nehmen, abtropfen lassen und in die Suppe geben. Die Pfifferlingsuppe nun mit gehackter Petersilie bestreuen und servieren.

Kartoffel-Sauerkrautsuppe

Zutaten: 600 g festkochende Kartoffeln
400 g Sauerkraut
250 g durchzogener Speck
2 mittelgroße gewürfelte Zwiebeln
250 g saure Sahne
750 ml Gemüsesuppe
2 EL Sonnenblumenöl
Salz, Pfeffer, Kümmel, ½ Bund Petersilie
oder ½ Packung TK-Petersilie

Die Kartoffeln waschen, schälen und in Würfel schneiden. Anschließend in eine Schüssel mit kaltem Wasser geben. Speck in feine Streifen schneiden. 1 EL Öl in einem Topf langsam erhitzen und die Hälfte der Zwiebelwürfel goldgelb anrösten. Die Kartoffeln abgießen und dazugeben. Nun die Gemüsesuppe aufgießen und die saure Sahne einrühren. Mit Salz, Pfeffer, Kümmel würzen und ca. 15 Minuten köcheln lassen, bis die Kartoffelstücke weich sind. Nun 1 EL Öl in einer Pfanne erhitzen und die restlichen Zwiebeln goldgelb anrösten. Das abgetropfte Sauerkraut hinzugeben, kurz anbraten und die fein gehackte Petersilie unterheben. Die Speckstreifen separat kurz scharf anbraten. Die Suppe mit dem Sauerkraut vermengen, die Speckstreifen darauf verteilen und servieren.

Rote Linsensuppe mit gebratenem Schafskäse

Zutaten: 200 g rote Linsen
5 mittelgroße mehlige Kartoffeln
1–2 Zehen Knoblauch
150 g Schafskäse
3 EL Zitronensaft
1 Messerspitze Kreuzkümmel
1,5 l Gemüsesuppe
2 EL Rapsöl
Salz, Pfeffer, 1 Bund Schnittlauch

Die Kartoffeln waschen, schälen und klein schneiden. Zusammen mit den Linsen in der Gemüsesuppe rund 20 Minuten weich kochen. Knoblauch schälen, der Länge nach halbieren, ganz feinblättrig schneiden und zusammen mit dem Kreuzkümmel in die Suppe geben. Zitronensaft hineingießen und die Suppe mit Salz und Pfeffer würzen. Den Schafskäse in kleine Würfel schneiden und in wenig heißem Öl in einer Pfanne von allen Seiten knusprig braten. Anschließend den Schnittlauch in feine Stücke schneiden und gemeinsam mit dem Schafskäse auf die angerichtete Suppe streuen.

Frühlingsbrennnesselsuppe

Zutaten: 4 Handvoll Brennnesseln
1 Stangensellerie
1 Karotte
1 mittelgroße mehlige Kartoffel
2 Knoblauchzehen
2 gewürfelte Zwiebeln
1 l Gemüsesuppe
1 EL Olivenöl
Salz, Pfeffer, Kerbel, Muskat

Die Brennnesselblätter in einem Sieb unter kaltem Wasser gründlich abspülen und abtropfen lassen. Sellerie, Karotte und Kartoffel klein schneiden. Anschließend in einem Topf mit erwärmtem Olivenöl zusammen mit den gewürfelten Zwiebeln und dem gepressten Knoblauch anschwitzen. Die Suppe dazugeben und etwa 15 Minuten leicht köcheln lassen. Jetzt die Brennnesselblätter hinzufügen und nochmals 5–10 Minuten köcheln. Vom Herd nehmen, die Suppe fein pürieren, würzen und mit Brot servieren.

Paprikasuppe

Zutaten: 1 kg rote Paprika
3 gewürfelte Zwiebeln
3 Knoblauchzehen
2 TL Olivenöl
1 l Gemüsesuppe
1 Becher Crème fraîche
1 EL Paprikapulver edelsüß
1 getrocknete Chili
Salz, Pfeffer

Paprika waschen, entkernen und kleinwürfelig schneiden. Knoblauch schälen und in feine Blättchen schneiden. Das Öl in einem Topf erhitzen und die Zwiebel glasig anschwitzen, Paprika und Knoblauch hinzugeben und andünsten. Die Suppe aufgießen und die getrocknete Chili hineinstreuen. Das Ganze etwa 10 Minuten leicht köcheln lassen und anschließend pürieren. Crème fraîche einrühren und mit Salz und Pfeffer abschmecken. Mit fein geschnittenem Schnittlauch dekorieren und mit getoastetem Brot oder Fladenbrot servieren.

Rahmsuppe

Zutaten: 1–2 Becher saure Sahne
4 EL Mehl
1,5 l Wasser
2 Suppenwürfel
1 Knoblauchzehe
Salz, gemahlenen Kümmel

Wasser, Salz, Kümmel und den klein geschnittenen Knoblauch in einem Topf aufkochen lassen. Die saure Sahne mit dem Mehl in einer Schale gut verquirlen und dazugeben. Nochmals kurz aufkochen, abschmecken und gegebenenfalls mit den Suppenwürfeln nachwürzen. Mit Schnittlauch bestreuen und mit gerösteten Roggenbrotstückchen servieren.

Salate

Kartoffelsalat

Zutaten: 2 kg festkochende Kartoffeln
2 Eier
2 gewürfelte Zwiebeln
250 ml Sonnenblumenöl
250 ml Tafelessig (oder Essigwasser aus dem Gurkenglas)
Salz, Pfeffer

Die Kartoffeln nicht zu weich kochen. Die Eier trennen, Eigelbe in eine Schüssel geben und verrühren, dabei langsam das Öl unterrühren, bis eine cremige, fast weiße Mayonnaise entsteht. Essig einrühren und die Zwiebel dazugeben. Mit reichlich Salz und Pfeffer würzen. Die Kartoffeln schälen, in Scheiben schneiden und unterheben. Den Kartoffelsalat etwa 2 Stunden im Kühlschrank ziehen lassen, danach durchrühren, nochmals abschmecken, gegebenenfalls mit etwas Wasser verdünnen und mit Brot oder Backwaren servieren.

Tipp: Der Kartoffelsalat kann mit klein geschnittenen sauren Gurken, gewürfelter Brühwurst (z. B. Fleischwurst oder Lyoner), Radieschenscheiben oder hart gekochten Eiern verfeinert werden.

Rote Bohnen mit Schafskäse

Zutaten: 250 g Kidneybohnen
100 g Schafskäse
1 fein geschnittene Zwiebel
2 EL getrocknete Salatkräuter
4 EL Balsamicoessig
2 EL Olivenöl
Salz, Pfeffer, Salatkräuter
(z. B. Schnittlauch, Kresse, Basilikum)
Salatblätter (z. B. Eisberg- oder Endiviensalat) zum Anrichten

Die Bohnen aus der Dose in ein Sieb geben, gründlich spülen und abtropfen lassen. Den Schafskäse in Würfel schneiden. In einer Schüssel Essig, Öl, Salz, Pfeffer und Salatkräuter vermischen, Zwiebeln, Bohnen und Schafskäse hineingeben und gut durchmischen. Die gewaschenen Salatblätter auf die Teller legen und den Salat darauf verteilen. Mit Baguette oder Fladenbrot servieren.

Eisbergsalat mit Thunfisch

Zutaten: 1 großer Eisbergsalat
2 Dosen Thunfisch (in Öl eingelegt)
1 Becher Joghurt
1 Becher Schlagsahne
4 EL Zucker
4 EL Weinessig
4 EL Senf
250 ml Wasser
Salz, Pfeffer, Thymian, Oregano, Petersilie

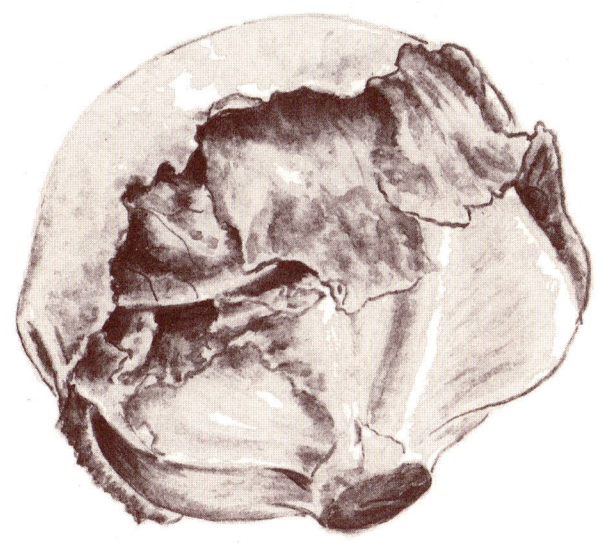

Die äußeren Blätter entfernen, den Eisbergsalat zerlegen, in kleine Stücke rupfen und in eine Schüssel geben. Thunfisch in einem Sieb abtropfen. Die übrigen Zutaten in einer Schüssel zu einem Dressing verrühren, mit Salz, Pfeffer und Kräutern abschmecken und über den Salat geben. Den Thunfisch kann man entweder ins Dressing einarbeiten oder man legt die abgetropften Stücke zum Schluss auf den Salat. Mit Fladenbrot oder Backwaren servieren.

Tipp: Eisbergsalat ist durch den fest geschlossenen Kopf natursauber und muss nicht gewaschen werden. Im Gegensatz zu Kopfsalat kann man Eisbergsalat auch schon früher mit dem Dressing vermischen, da er wegen seiner festen Struktur nicht so schnell zusammenfällt und länger knackig bleibt.

Tomaten-Wurst-Salat

Zutaten: 1 kg Tomaten
4 Knackwürste
2–3 gewürfelte Zwiebeln
1 Knoblauchzehe
6–8 EL Tafelessig
2–3 EL Olivenöl
Salz, Pfeffer

Tomaten waschen, vierteln und mit den Zwiebeln in eine Schüssel geben. Anschließend kräftig salzen, die Knackwürste in Scheiben schneiden und zum Zwiebel-Tomaten-Gemisch geben. Knoblauch schälen und dazu pressen. Essig und Öl mit etwas Wasser hineingießen, vermengen, mit reichlich Salz und Pfeffer abschmecken. Mindestens 30 Minuten in den Kühlschrank stellen. Danach nochmals abschmecken und mit Butterbrot servieren.

Saure Wurst (Wurstsalat)

Zutaten: 4 Brühwürste
4 in Streifen geschnittene Zwiebeln
Mindestens 250 ml Tafelessig
125 ml Raps- oder Maiskeimöl
Salz, Pfeffer

Die Brühwürste schälen und in Ringe schneiden. Anschließend mit den geschnittenen Zwiebeln in eine Schüssel geben und mit Essig – je nach Geschmack mit etwas Wasser verdünnen – und Öl übergießen und gut vermengen. Mit Salz und Pfeffer abschmecken und mit Brot oder Backwaren servieren.

Krautsalat

Zutaten: 1 Krautkopf
4 EL Tafelessig
6 EL Rapsöl
1 gestrichener EL Zucker
2 TL Salz, Pfeffer, 1 TL Kümmel

Die äußeren Blätter vom Krautkopf entfernen, anschließend den Krautkopf vierteln, den Strunk herausschneiden und die geviertelten Stücke in möglichst feine Streifen schneiden. Das geschnittene Kraut in eine Schüssel geben, mit Wasser bedecken, salzen, durchmischen und 30 Minuten ziehen lassen. Danach das überschüssige Wasser abgießen und das Kraut gut ausdrücken. Aus Essig, Öl, Zucker, Pfeffer und Kümmel eine Marinade anrühren und über das Kraut gießen. Gut vermengen und kalt servieren.

Nudelsalat

Zutaten: 500 g Nudeln
Ca. 500 g TK-Mischgemüse
200 g gekochter Schinken
3 Eier
250 ml Olivenöl
3–4 EL Tafelessig
Estragon-Senf
Salz, Pfeffer

Nudeln in reichlich Salzwasser nach Packungsanleitung gar kochen. Die Eier trennen und die Eigelbe in einer Schüssel mit dem Schneebesen gut verrühren. Unter ständigem Rühren das Öl langsam hineingießen bis eine cremige Masse entsteht. Mit Senf und Essig abschmecken. Das TK-Gemüse gar kochen und abseihen. Den Schinken in feine Streifen schneiden. Alles zusammen in einer großen Schüssel gut vermengen, erneut abschmecken und servieren.

Tortellinisalat

Zutaten: 2 Packungen Tortellini
2 Packungen Feldsalat
6–8 Tomaten
2 Salatgurken
8 EL Olivenöl
3 EL Kräuteressig
Salz, Pfeffer,
Basilikum,
Oregano

Tortellini nach Packungsanleitung kochen und zur Seite stellen. Den Feldsalat waschen. Tomaten und Gurken klein schneiden und mit dem Feldsalat in eine Schüssel geben. Das Dressing aus Essig und 4 EL Olivenöl anrühren und unter den Salat mischen. 4 EL Öl in einer Pfanne erhitzen und die Tortellini kurz, aber kräftig von allen Seiten anbraten. Die Tortellini unter den Salat heben, mit Salz, Pfeffer und Kräutern verfeinern und anrichten.

Bayrischer Wurstsalat

Zutaten: 4 Brühwürste
½ Glas Cornichons
½ Glas Karottensalat
2 in Streifen geschnittene Zwiebeln
4 EL Pflanzenöl
2 EL Tafelessig
1 Bund Schnittlauch
Salz, Pfeffer, Zucker

Brühwürste schälen und in dünne Scheiben schneiden. Anschließend mit den geschnittenen Zwiebeln in eine Schüssel geben und mit Öl, Essig, Salz und Pfeffer gut vermischen. Die Schüssel abdecken und mindestens 1 Stunde im Kühlschrank ziehen lassen. Den Salat aus dem Kühlschrank holen, etwas Zucker einrühren und den Karottensalat dazugeben. Die Cornichons in feine Scheiben schneiden, den Salat mit Schnittlauch und den Gurkenstücken dekorieren.

Gegrillter Paprika-Tomaten-Salat

Zutaten: 2 rote Paprika
6 große Tomaten
200 g Cherrytomaten
1 Knoblauchzehen
9 EL Olivenöl
3 EL Balsamicoessig
Salz, frischer Basilikum
1 Baguette

Den Backofen auf mittlere Hitze vorheizen. Die Paprika waschen, entkernen und in etwa 3 cm dicke Streifen schneiden. Danach die Paprikastreifen etwa 5 Minuten bei mittlerer Hitze grillen, bis sie weich und leicht bräunlich sind, danach aus dem Ofen nehmen und zur Seite stellen. Das Baguette in Scheiben schneiden und mit Öl einpinseln, salzen und unter gelegentlichen Wenden 1–2 Minuten im Ofen anrösten. Baguettescheiben herausnehmen, den gepressten Knoblauch auf die Baguettestücke streichen. In eine Schüssel 3 EL Öl geben, die Tomaten in Spalten schneiden, die Cherrytomaten halbieren und mit den zerkleinerten Basilikumblättern und den gerösteten Paprikastreifen in die Schüssel geben und durchmischen. Die gerösteten Baguettescheiben grob zerkleinern, dazugeben, den Essig und das restliche Öl darüber träufeln, salzen und vermengen.

Scharfer Nudelsalat

Zutaten: 500 g Nudeln
2 Paprika
2 Tomaten
1 rote gewürfelte Zwiebel
1 Chilischote (oder getrocknete Chilis)
1–2 saure Gurken
5 EL Essig
2 EL Paprikapulver edelsüß
Salz, Pfeffer, Schnittlauch

Die Nudeln in reichlich Salzwasser bissfest kochen. Schnittlauch waschen und in feine Röllchen schneiden. Tomaten, Paprika und Chili klein schneiden. Die abgetropften Nudeln in eine Schüssel geben und mit den geschnittenen Zutaten vermengen. Essig und das Paprikapulver einrühren und zusammen unter die Masse mischen. Mit ordentlich Salz und Pfeffer abschmecken, gut durchrühren und etwa 1 Stunde im Kühlschrank ziehen lassen. Mit Brot servieren.

Saure Knödel

Zutaten: Reste von Servietten- oder Semmelknödeln (etwa 4–6 Stück)
1 große in Ringe geschnittene Zwiebel
125 ml Balsamicoessig
8 EL Raps- oder Maiskeimöl
1 Bund Schnittlauch
Salz, Pfeffer

Die Knödel in dünne Scheiben schneiden und auf 4 Tellern anrichten. Die Zwiebelringe auf den Knödeln verteilen. Salz, Pfeffer, Essig und Öl zu einem Dressing verarbeiten und gleichmäßig über die Knödel träufeln. Den Schnittlauch waschen, fein schneiden und über die Knödel streuen.

Kartoffelgerichte

Kartoffelpfanne mit Gehacktem

Zutaten: 1,5 kg festkochende Kartoffel
600 g Gehacktes (gemischt)
2 gewürfelte Zwiebeln
2 Eier
250 g saure Sahne
1 Suppenwürfel
6 EL Rapsöl
1 Bund Petersilie
Salz, Pfeffer, Kümmel, Rosmarin, Majoran

Backofen auf 200 °C vorheizen. Kartoffeln in Salzwasser gar kochen, abgießen und abkühlen lassen. Petersilie fein hacken. 3 EL Öl in einer Pfanne erhitzen und die Zwiebelwürfel anbraten. Sobald die Zwiebeln goldgelb sind, das Gehackte hinzugeben und rösten. Salz, Pfeffer, Majoran, Kümmel, Rosmarin und gepressten Knoblauch beigeben, den Suppenwürfel einbröseln und alles gut vermengen. Die abgekühlten Kartoffeln schälen und in Scheiben schneiden. Eine Auflaufform mit Öl einfetten, etwa 2/3 der Kartoffelscheiben in die Auflaufform schichten, salzen und pfeffern, das Gehackte darüber geben und mit den restlichen Kartoffeln bedecken. Die saure Sahne mit 2 Eigelben, der Petersilie und einer ordentlichen Prise Salz verrühren und gleichmäßig über die Kartoffeln verteilen. Bei 200 °C ca. 20 Minuten backen.

Vegetarische Kartoffellaibchen

Zutaten: 1,5 kg mehlige Kartoffeln
2 gewürfelte Zwiebeln
4 Eier
4 EL Mehl
500 ml Sonnenblumenöl zum Anbraten
Salz, Pfeffer, Curry

Die Kartoffeln schälen und grob reiben. Anschließend in ein Küchentuch geben und fest auspressen, um den Kartoffeln die Flüssigkeit zu entziehen. Die Kartoffelmasse zusammen mit den Zwiebeln, Eiern, Mehl und Gewürzen in eine Schüssel geben und gut durchkneten. Aus jeweils einer Handvoll Masse gleichmäßige Laibchen formen und in einer Pfanne mit erhitztem Öl beidseitig goldbraun anbraten. Dazu passen Salate, Dips und Soßen.

Kartoffelpuffer

Zutaten: 1,5 kg mehlige Kartoffeln
4 Eier
150 g Mehl (griffig)
3–4 Knoblauchzehen
750 ml Sonnenblumen- oder Maiskeimöl
Salz, Pfeffer

Kartoffeln schälen und reiben. Danach entweder in einem Sieb fest ausdrücken oder die Masse in einem Geschirrtuch fest auswringen, damit der Kartoffelsaft ablaufen kann. Die geriebenen Kartoffeln in einer Schüssel mit dem zerdrückten Knoblauch, Eiern, Salz und Pfeffer gründlich vermengen. Das Öl in einer Pfanne erhitzen und die Masse löffelweise hineingeben, gegebenenfalls leicht andrücken und langsam beidseitig goldbraun braten. Auf Küchenrolle abtropfen lassen und im Backofen auf Stufe 1–2 warm stellen, bis alle Kartoffelpuffer fertig sind. Mit Knoblauchsoße, Schnittlauchsoße oder pur servieren.

Grenadiermarsch

Zutaten: 300–400 g Schweinefleisch von der Schulter
200 g Nudeln
200 g festkochende Kartoffeln
2 gewürfelte Zwiebeln
4–5 EL Rapsöl oder Schweineschmalz
Salz, Pfeffer, Petersilie

Nudeln nach Packungsanleitung bissfest kochen. Kartoffeln in Salzwasser kochen und in Scheiben schneiden. Das Fleisch in Würfel schneiden. In einer großen Pfanne das Öl erhitzen und die Zwiebeln anrösten. Dann die Kartoffelscheiben, Nudeln und das Fleisch dazugeben, durchbraten. Währenddessen mit Salz und Pfeffer würzen. Mit Petersilie garniert auf Tellern servieren. Dazu passt grüner Salat.

Bratkartoffel texicana salsa

Zutaten: Für die Bratkartoffeln:
1 kg festkochende Kartoffeln (am Vortag vorgekocht)
8 Eier
1–2 Bund Frühlingszwiebel (in Ringe schneiden)
2 EL Rapsöl
Salz, Pfeffer

Für die texicana salsa:

Zutaten: 500 g Fleischtomaten
1 rote Paprika
1 große Zwiebel
2–3 Zehen Knoblauch
2 EL Tomatenmark
1 Chilischote oder getrocknete Chilis
50 ml Gemüsesuppe
½ Bund Petersilie
Salz, Pfeffer, Zucker

Bratkartoffeln:

Die am Vortag gekochten Kartoffeln schälen und in Spalten schneiden. Öl in einer Pfanne erhitzen, die Kartoffeln und Zwiebelringe darin anbraten. Die Eier in einem Glas verquirlen und dazugeben, mit ordentlich Salz und Pfeffer würzen, durchrühren, bis es stockt.

Texicana Salsa:

Die Tomaten kreuzweise einschneiden, kurz in kochendes Wasser tun, herausnehmen, abschrecken und schälen (siehe Seite 39). Jetzt die Tomaten vierteln, entkernen und die Strünke entfernen. Paprika schälen und kleinwürfelig schneiden, die Chilischote halbieren, entkernen und in feine Streifen schneiden. Für mehr Schärfe die Kerne nicht entfernen. Alles zusammen mit der klein geschnittenen Zwiebel und dem gepressten Knoblauch in einen Topf geben, das Tomatenmark und die Suppe zugeben, einmal aufkochen lassen und dann bei kleiner Hitze 15–20 Minuten leicht köcheln lassen. Mit Salz, Pfeffer und einer Prise Zucker abschmecken, die gehackte Petersilie einstreuen und mit den Bratkartoffeln servieren.

Tipp: Tomaten schälen

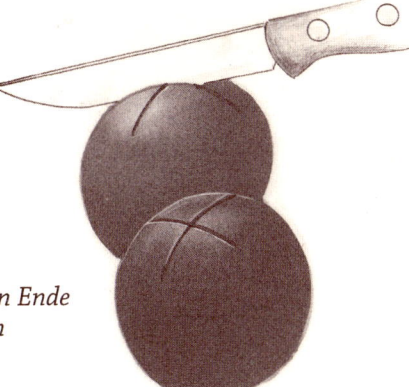

*Die Tomaten am unteren Ende
kreuzweise einschneiden*

*Anschließend kurz in
kochendes Wasser geben;
wenn sich die Schale zu
kräuseln beginnt, die
Tomaten mit einem Löffel
herausnehmen*

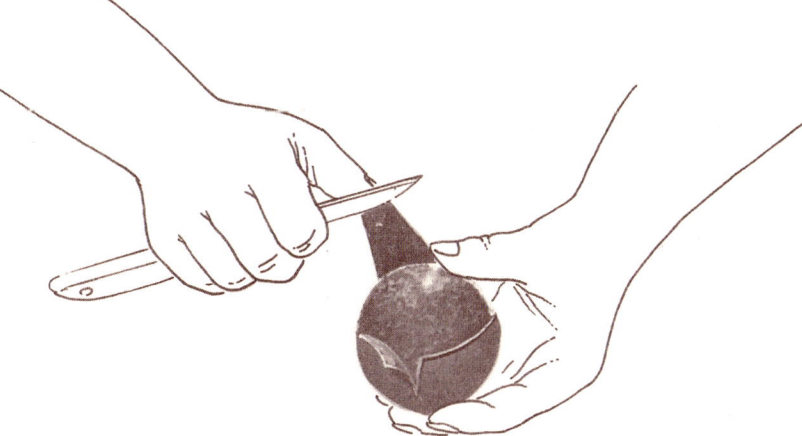

Tomaten kurz abkühlen lassen und mit einem Messer die Schale abziehen

Bauernpfanne

Zutaten: 2 kg festkochende Kartoffeln
6 Eier
4 große in Ringe geschnittene Zwiebeln
4 EL Rapsöl oder Schmalz
Salz, Pfeffer, Kümmel

Die Kartoffeln schälen, in Scheiben schneiden und in reichlich Salzwasser weich kochen. Das Öl in einer großen Pfanne erhitzen und die Kartoffelscheiben darin anbraten. Die Eier in einer Schale verrühren. Wenn die Kartoffeln Farbe annehmen, die Zwiebelringe dazugeben, die Eier einrühren und mit Salz, Pfeffer und Kümmel abschmecken. Sobald die Eier gestockt sind, kann die Bauernpfanne serviert werden. Hierzu passt ein grüner Salat.

Schinkenkartoffelpuffer

Zutaten: 1 Packung Instant-Kartoffelpüree
100 g gekochter Schinken
1 Tasse Milch
1 Tasse Mehl
Maiskeim- oder Sonnenblumenöl
Salz, Pfeffer, Muskat, Chili

Kartoffelpüree nach Packungsanleitung zubereiten, mit der Milch und dem Mehl verrühren und würzen. Schinken fein schneiden und in die dickflüssige Masse mischen. Das Öl in einer Pfanne erhitzen, die Kartoffelpuffer mit einem Löffel in die Pfanne geben und beidseitig goldgelb anbraten.

Kartoffelnudeln

Zutaten: 1 Päckchen Kartoffelteig
2 Eier
250 g saure Sahne
Sonnenblumenöl
Salz, Pfeffer, Rosmarin, Oregano, Petersilie

Den Kartoffelteig laut Packungsanleitung zubereiten. Ein Brett mit etwas Mehl bestäuben. Aus dem Teig kleine Nudeln formen (etwa wie kleine Kroketten). Ein Backblech mit Backpapier belegen, die Nudeln darauflegen, mit etwas Öl bepinseln und in den auf 200 °C vorgeheizten Backofen schieben. So lange backen, bis sie goldgelb sind. Die saure Sahne mit den Kräutern, Salz und Pfeffer zu einem Dip verrühren und mit Salat servieren.

Kartoffelgratin Tomaten-Mozzarella

Zutaten: 700 g festkochende Kartoffeln
600 g Tomaten
200 g Mozzarella
1 Becher Schlagsahne
Salz, Pfeffer, 1 Bund Basilikum

Kartoffeln kurz in Wasser kochen – sie sollen nicht weich werden –, herausnehmen und abkühlen lassen. Kartoffeln schälen und in Scheiben schneiden. Die Tomaten ebenfalls in Scheiben und den Mozzarella in Streifen schneiden. Basilikum fein hacken. Die Auflaufform einfetten und abwechselnd die Kartoffeln und die Tomatenscheiben schichten, jede Lage mit Salz, Pfeffer und Basilikum bestreuen. Die letzte Schicht sollen Tomaten sein. Mit der Sahne gleichmäßig begießen, die Mozzarellastreifen verteilen und für etwa 30 Minuten in den auf 180 °C vorgeheizten Ofen schieben.

Kartoffelpizza

Zutaten: 8 große mehlige Kartoffeln
8 Tomaten
400 g TK-Blattspinat
2 Packungen Mozzarella
4 Eier
1 Dose Tomatensoße
6 Zwiebeln
3–4 Zehen Knoblauch
Olivenöl
Salz, Pfeffer, Rosmarin, Majoran

Zunächst den Blattspinat auftauen und separat in einer Schüssel beiseite stellen.

Die Kartoffeln schälen und reiben. Die Masse in einem Tuch auswringen, damit die Flüssigkeit abläuft. 4 Zwiebeln reiben und dazugeben; die Eier ebenfalls in die Masse geben, kräftig salzen und zu einem Teig verrühren. Öl in einer großen Pfanne erhitzen, Teig hineinfüllen und beidseitig knusprig braten. Die Tomatensoße dünn auf den Teig streichen und Knoblauch aus der Presse darauf verteilen. Die restlichen beiden Zwiebeln in feine Ringe schneiden und ebenfalls darauf streuen. Den aufgetauten Spinat und den in dünne Scheiben geschnittenen Mozzarella darauf verteilen. Mit Kräutern, Salz und Pfeffer würzen und bei 180 °C für etwa 20 Minuten in den Backofen schieben.

Salzkartoffeln mit Schnittlauchsoße

Zutaten: 500 g festkochende Kartoffeln
6 Eier
250 g saure Sahne
500 ml Milch
3 EL Rapsöl
1 Schuss Hesperiden-Essig
1 Bund Schnittlauch
Salz, Pfeffer, Kümmel

6 Eier »hart« kochen und unter fließendem kaltem Wasser abkühlen. Anschließend schälen und in Würfel schneiden. In einer Schüssel die saure Sahne mit der Milch vermengen. Öl, Salz, Pfeffer und ein Schuss Essig dazugeben und gut verrühren. Den Schnittlauch waschen, in feine Röllchen schneiden und untermengen. Das Ganze in den Kühlschrank stellen und etwas durchziehen lassen. Die Kartoffeln schälen und in reichlich Salzwasser kochen. Auf einem Teller mit Kümmel bestreuen und zusammen mit der Schnittlauchsoße servieren.

Kartoffeleintopf mit Fleisch

Zutaten: 5 große mehlige Kartoffeln
500 g geschnittenes Schweinefleisch
2 klein geschnittene Zwiebeln
2–3 Knoblauchzehen
500 ml Rindssuppe
3 EL Sonnenblumenöl
2 TL Paprikapulver edelsüß
Salz, Pfeffer, Kümmel, Majoran

Kartoffeln schälen, würfelig schneiden und in eine Schüssel mit Wasser geben. In einem Topf Öl erhitzen und die Zwiebel anbraten. Den gepressten Knoblauch ebenfalls kurz rösten. Das Fleisch hinzugeben und scharf anbraten. Paprikapulver darüber streuen und mit der Suppe ablöschen. Mit Salz, Pfeffer, Kümmel und Majoran würzen. Die Kartoffeln beigeben und alles auf kleiner Stufe einkochen lassen, bis die Kartoffeln weich sind.

Kartoffel-Zucchini-Laibchen

Zutaten: 1 kleine Zucchini
1 Beutel Instant-Kartoffelpüree
100 g Mehl
1 Rindssuppenwürfel
500 ml Milch
2 Eier
2 EL Maiskeimöl oder 2 EL Kokosfett
1 TL Backpulver
Salz, Pfeffer, 1 Prise Muskatnuss,
½ Bund fein gehackte Petersilie

Zucchini waschen und grob reiben. Den Inhalt des Kartoffelpüree-Beutels mit dem Mehl, Backpulver, dem zerbröselten Suppenwürfel und etwas Pfeffer in einer Schüssel vermischen. Die Eier in einen Messbecher schlagen und mit 500 ml Milch auffüllen, verrühren, in die Püree-Mischung geben und gut vermengen. Anschließend die geraspelte Zucchini unterrühren und etwa 2 Minuten quellen lassen. Mit Salz, Pfeffer, Muskat und Petersilie würzen und gut vermischen. Das Öl in einer Pfanne erhitzen. Handtellergroße Laibchen formen, leicht platt drücken und nacheinander im heißen Öl beidseitig goldgelb anbraten. Hierzu passt ein Knoblauch-Käse-Joghurt-Dip (siehe Seite 160).

Kartoffel-Linsengulasch

Zutaten: 250 g mehlige Kartoffeln
300 g Linsen (aus der Dose)
150 g geschnittener Speck
2 gewürfelte Zwiebeln
1 l Gemüsesuppe
2 EL Sonnenblumenöl
2 EL Tafelessig
2 gestrichene EL Paprikapulver scharf
Salz, Pfeffer, 1 EL Petersilie

Die Linsen aus der Dose in ein Sieb leeren, abspülen und abtropfen lassen. Das Öl in einem Topf erhitzen und die Zwiebelwürfel goldgelb anbraten und anschließend den Speck hinzugeben. Mit dem Paprikapulver bestreuen, durchrühren und die Suppe aufgießen. Die Kartoffeln waschen, schälen und in Würfel schneiden. Kartoffeln und Linsen einrühren und bei mittlerer Hitze etwa 20 Minuten köcheln lassen. Mit Salz, Pfeffer und Essig abschmecken und mit gehackter Petersilie bestreut servieren.

Holzfäller Eierspeis

Zutaten: 350 g gekochte Kartoffeln (festkochend)
160 g Speck
160 g geräucherter Schinken
150 g Hartwurst (z. B. Pfefferbeißer, Braunschweiger, Salami etc.)
2 Frühlingszwiebeln
Perlzwiebel, saure Gurken und kleine Maisstücke
aus einem Mixed-Pickles-Glas
5 Eier
Schnittlauch
100 g Margarine
Salz, Pfeffer

Schinken, Wurst, Speck, Frühlingszwiebeln und die gekochten Kartoffeln in Streifen schneiden. Die Margarine in einer großen Pfanne erhitzen und Schinken, Wurst, Speck und die Frühlingszwiebel langsam anrösten. Anschließend die Kartoffeln und den Schnittlauch dazugeben und alles anbraten. Perlzwiebel, geschnittene Gurken und Mais untermengen. Die Eier zum Rührei schlagen, salzen, pfeffern und in die Pfanne gießen. Alles so lange braten, bis die Eimasse stockt. Mit Salat oder Roggenbrot servieren.

Kartoffelpäckchen mit Käse

Zutaten: 1 kg mehlige Kartoffeln
50 g geriebener Hartkäse
50 g Crème fraîche
3 kleine gewürfelte
Zwiebeln (Jungzwiebel)
2 TL Dijon-Senf
250 g Speckwürfel
30 g Butter
Salz

Kartoffeln waschen und in Salzwasser so lange kochen, bis sie weich sind; danach herausnehmen und etwas abkühlen lassen. Die Speckwürfel in einer Pfanne kurz rösten. Hartkäse, Zwiebeln, Crème fraîche und Senf in einer Schale verrühren und salzen. Die abgekühlten Kartoffeln kreuzweise einschneiden und leicht öffnen. Die Käsemasse einfüllen, geröstete Speckwürfel darauflegen und wieder vorsichtig zusammendrücken. Die Butter in einer Pfanne zerlassen und vom Herd nehmen. Den Backofen auf 220 °C vorheizen. 2 ca. 40 cm lange Stücke Alufolie abtrennen, mit etwas von der geschmolzenen Butter bestreichen und die Kartoffeln mit der gefüllten Seite nach oben darauflegen. Die Folie an den Rändern hochfalten, Kartoffeln mit der restlichen Butter beträufeln und 6–8 Minuten im Ofen backen, bis der Käse zerlaufen ist.

Kartoffel-Wurstpfanne

Zutaten: 1 kg festkochende Kartoffeln
200 g Hartwurst (z. B. Pfefferbeißer, Braunschweiger, Salami etc.)
1 l Milch
1 EL Margarine
2–3 EL Mais- oder Kartoffelstärke
Salz, Pfeffer, Petersilie

Die Kartoffeln schälen und kochen. In der Zwischenzeit die Wurst würfelig schneiden und in der Margarine anbraten. ½ Tasse Milch mit der Stärke verrühren; mit der restlichen Milch die Wurst ablöschen und gut verrühren. Mit Salz und Pfeffer würzen und leicht aufkochen lassen. Die angerührte Stärke und die Petersilie hinzufügen. Die gekochten Kartoffeln abschließend mit der Soße servieren.

Kartoffelgulasch

Zutaten: Etwa 1 kg festkochende Kartoffeln
4–5 Debrecziner Würstchen
3 gewürfelte Zwiebeln
1–2 Knoblauchzehen
250 g saure Sahne
2–3 EL Maisstärke
Sonnenblumenöl
Salz, Pfeffer, Chili, Majoran, Paprika edelsüß

Die Kartoffeln schälen, in gleich große Stücke schneiden und in kaltes Wasser legen. Gewürfelte Zwiebeln im Öl glasig rösten, die Debrecziner in dünne Scheiben schneiden und dazugeben. Wenn die Wurstscheiben kross werden, Chili, Majoran sowie gepressten Knoblauch beigeben, kurz anbraten, dann 1–2 EL Paprikapulver einrühren und mit Wasser ablöschen. Anschließend die Kartoffelstücke abseihen und dazugeben, mit Salz und Pfeffer würzen und aufkochen. Danach die Hitze reduzieren und etwa 30 Minuten auf kleiner Flamme leise köcheln lassen und gegebenenfalls Flüssigkeit nachfüllen. Vor dem Servieren nochmals aufkochen. Die Maisstärke in einem Becher mit etwas Wasser verrühren, mit der sauren Sahne vermengen und in das Kartoffelgulasch einrühren, ohne es ein weiteres Mal aufkochen zu lassen. Mit frischen Backwaren servieren.

Kartoffelteigtascherl

Zutaten: 1 Packung Kartoffelteig
250 g Hartwurst (z. B. Pfefferbeißer, Braunschweiger Mettwurst)
250 g Emmentaler
½ Packung TK-Kräuter
2 Eier
500 ml Speiseöl
Salz, Pfeffer

Den Teig laut Anleitung zubereiten und etwas ruhen lassen. Die Hartwurst und den Emmentaler klein schneiden und anschließend mit den Kräutern gut durchmischen und würzen. Eine Handvoll vom Teig auf eine Frischhaltefolie geben, ein zweites Stück Folie darüberlegen und den Teig mit dem Nudelholz gleichmäßig etwa 1 mm dick auswalken. Die obere Folie entfernen und mit einer Tasse eine runde Form ausstechen. Jetzt etwas von der Wurstmasse auf eine Hälfte des ausgestochenen Teigs legen und die andere Hälfte darüberlegen, sodass die Wurstmasse vom Teig bedeckt wird, der nun eine Halbkreisform hat. Die Enden mit dem Finger zusammendrücken und in einem Topf mit heißem Öl goldgelb frittieren. Als Hauptspeise, Beilage zu Spinat oder auch kalt mit einem Dip servieren.

Kartoffel-Bärlauchtortilla

Zutaten: 300 g festkochende Kartoffeln
1 rote Paprika
50 g frischen Bärlauch
5 Eier
100 ml Milch
2 EL Olivenöl
Salz, Pfeffer

Die Kartoffeln in Salzwasser weich kochen und abkühlen lassen; anschließend schälen und in feine Scheiben schneiden. Den Bärlauch waschen, die Stiele entfernen und in feine Streifen schneiden. Die Paprika waschen und in dünne Streifen schneiden. Eier und Milch verrühren. Olivenöl in einer Pfanne erhitzen und die Paprikastreifen kurz anbraten. Die Hitze reduzieren und den Bärlauch kurz dünsten. Nun die Kartoffelscheiben beigeben und die Eiermilch darübergießen. Zugedeckt auf kleiner Flamme etwa 5 Minuten stocken lassen. Die Pfanne ohne Deckel in den auf 160 °C vorgeheizten Backofen schieben und 5 Minuten weitergaren. In Tortenstücke teilen und servieren.

Rosmarinkartoffeln mit Brennnesselsalat

Zutaten: 500 g festkochende Kartoffeln
750 g Brennnesselblätter
4 Zweige Rosmarin
6 Knoblauchzehen
2 Zitronen
Etwa 500 ml Apfelsaft
400 ml Olivenöl
3 EL Butter
Salz, Pfeffer

Die ungeschälten Kartoffeln in Salzwasser kochen, bis sie gar sind. Danach herausnehmen, etwas abkühlen lassen und der Länge nach vierteln. Die Brennnesseln waschen, Blätter von den Stängeln zupfen, auf Küchenpapier abtropfen lassen und anschließend fein hacken. 2 Knoblauchzehen schälen und fein hacken. Für die Marinade in einem Topf 5 EL Olivenöl mit dem Saft der gepressten Zitronen, Apfelsaft und gehackten Knoblauch langsam erhitzen. Dann das restliche Olivenöl mit der Butter in einer Pfanne erhitzen, die Kartoffelstücke hineinlegen und mit Salz und Pfeffer würzen. Die restlichen geschälten Knoblauchzehen sowie die fein gehackten Rosmarinzweige dazugeben und braten, bis sie braun werden. Die Marinade über die Brennnesseln geben, vermischen und zu den Kartoffeln servieren.

Krautgerichte

Grundrezept Sauerkraut

Zutaten: 500 g Sauerkraut
300 g durchzogenen Speck
2 mittelgroße gewürfelte Zwiebeln
1–2 EL Raps- oder Maiskeimöl
1 Tasse Wasser
1–2 EL Mehl zum Stauben
Salz, Pfeffer, Kümmel

Zwiebeln in einem mit Öl erhitzten Topf glasig anrösten. Den klein ge-schnittenen Speck ebenfalls in den Topf geben, langsam anbraten und anschließend mit 1–2 EL Mehl stauben, alles vermengen, eine Tasse Wasser daraufgießen und gut durchrühren. Das Sauerkraut in den Topf einrühren und aufwärmen. Mit Salz, Pfeffer und reichlich Kümmel wür-zen und ziehen lassen.

Sauerkraut eignet sich sowohl als Beilage zu Fleisch oder Bratwürsten wie auch als Hauptgericht mit Bratkartoffeln, Schupfnudeln, Kartoffel-püree oder Knödeln.

Grundrezept Rotkraut

Zutaten: 1 kg Rotkraut
1 große gewürfelte Zwiebel
2 EL Butter
1–2 Äpfel
1 Schuss Rotwein
200 ml Wasser
2 TL Salz, Pfeffer, 3 Lorbeerblätter, 4–6 Gewürznelken

Die äußeren Blätter vom Rotkraut entfernen, den Krautkopf halbieren und den Strunk herausschneiden. Anschließend in dünne Streifen schneiden bzw. hobeln. Die Äpfel schälen, entkernen und in kleine Würfel schneiden. In einem Topf die Butter zerlassen und die Zwiebel darin glasig dünsten. Das Rotkraut dazugeben und 10 Minuten unter gelegentlichem Rühren dünsten. Mit Rotwein und Wasser ablöschen, die Apfelstückchen zufügen, mit Salz, Pfeffer, Lorbeerblättern und Gewürznelken würzen und 30 Mi-nuten zugedeckt auf kleiner Flamme köcheln lassen. Immer wieder kurz durchrühren und bei Bedarf etwas Wasser nachgießen.

Rotkraut eignet sich hervorragend zu gebratenem Fleisch und Knödeln.

Krautfleckerl

Zutaten: 1 Krautkopf
500 g Fleckerl
1 gewürfelte Zwiebel
1 EL Margarine
1 EL Zucker
2 EL Tafelessig
250 ml Gemüsesuppe
Salz, Pfeffer, Kümmel

Den Krautkopf fein hobeln bzw. in ganz dünne Streifen schneiden. Die Fleckerl in reichlich Salzwasser bissfest kochen. In einem großen Topf die Margarine zerlassen und die Zwiebelwürfel darin goldbraun anbraten. Einen EL Zucker einstreuen und mit rösten. Danach das gesalzene Weißkraut dazugeben und unter kräftigem Rühren so lange rösten, bis es Farbe annimmt. Mit der Suppe und dem Essig ablöschen, mit Salz, Pfeffer und Kümmel würzen und zugedeckt fertigdünsten. Die Fleckerl unterheben und servieren.

Tipp: Wer den Krautfleckerln eine besondere Würze geben möchte, kann während des Zwiebelröstens 120 g geräucherte Schinkenstreifen anbraten und beim Würzen eine Messerspitze edelsüßes Paprikapulver hinzugeben.

Krautstrudel

Zutaten: 1 Packung Strudelteig
1 Kopf Weißkraut
500 g Gehacktes(gemischt)
1 Paprika
3–4 große Tomaten
250 g saure Sahne
1 EL Butter, Margarine oder Schmalz
Rapsöl
Salz, Pfeffer, Kümmel

Weißkraut halbieren, den Strunk und die Außenblätter entfernen und in feine Streifen schneiden. Das Kraut in einen Topf geben, mit Wasser bedecken und dünsten. Mit Salz, Pfeffer und Kümmel würzen. Wenn das Kraut weich ist, in ein Sieb gießen und abtropfen lassen. Anschließend das Kraut in eine Schüssel geben. Paprika, Tomaten und das Gehackte scharf anrösten, mit Salz und Pfeffer würzen und unter das Kraut mischen. Den Strudelteig nach Packungsanleitung vorbereiten und mit der Krautmischung belegen. Das Ganze einrollen, auf ein mit Backpapier belegtes Blech legen, mit etwas Öl beträufeln und bei 180 °C etwa 25 Minuten im Ofen backen und danach mit einem Löffel saurer Sahne oder einer Joghurtsoße (siehe Seite 158) servieren.

Würzige Krautpfanne

Zutaten: 1 mittelgroßer Krautkopf
1 kg Gehacktes (gemischt)
200 g geschnittener Speck
3 mittelgroße gewürfelte Zwiebeln
2 Suppenwürfel
125 ml Rapsöl
5 gestrichene EL Paprikapulver edelsüß (je nach Geschmack)
Salz, gemahlener Kümmel

Den Krautkopf achteln, die äußeren Blätter und den Strunk entfernen und anschließend in Streifen schneiden. Wasser in einem Topf aufkochen, salzen und das Kraut ca. 15 Minuten köcheln lassen. Dann abseihen und auskühlen lassen. Speck würfelig schneiden. Öl in einer großen Pfanne erhitzen und die Zwiebeln und den Speck rösten. Danach das Gehackte dazugeben und anbraten. Zum Schluss das Kraut hinzufügen, mit Salz, Kümmel und Paprikapulver würzen und mit Wasser ablöschen, wobei das Kraut nicht ganz bedeckt sein sollte. Die Suppenwürfel einbröseln und etwa 45 Minuten lang köcheln lassen. Mit Brot oder Salzkartoffeln servieren.

Krautauflauf

Zutaten: 1 kg Gehacktes (gemischt)
500 g Sauerkraut
1 Packung Instant-Kartoffelpüree
100 g Speck
4–5 klein geschnittene Zwiebeln
1 Packung geriebener Emmentaler
250 ml Wasser
Raps- oder Maiskeimöl
Mehl
Margarine und Semmelbrösel
Salz, Pfeffer, Kümmel

Die Hälfte der geschnittenen Zwiebeln in Öl anrösten, bis sie etwas Farbe bekommen. Anschließend das Gehackte hinzugeben, auf mittlerer Flamme anbraten und mit Salz und Pfeffer würzen und zur Seite stellen. Die andere Hälfte der geschnittenen Zwiebeln in Öl rösten, den würfelig geschnittenen Speck dazugeben. Wenn der Speck Farbe annimmt, etwas Mehl einrühren und 250 ml Wasser aufgießen. Sauerkraut einrühren und mit Salz, Pfeffer und Kümmel würzen. Die Masse gut vermengen, vom Herd nehmen und das Gehackte hineingeben und erneut gründlich vermischen. Das Kartoffelpüree nach Anleitung zubereiten. Die Auflaufform mit Margarine einfetten und mit Bröseln bestreuen. Den Boden der Auflaufform mit einer dünnen Schicht Kartoffelpüree bestreichen, darauf eine Lage der Sauerkraut-Hack-Masse verteilen. Weitere Schichten von Kartoffelpüree und

Füllung abwechselnd darauf verteilen. Die letzte Schicht sollte eine Lage Kartoffelpüree sein. Diese wird mit dem geriebenen Käse bestreut wird und bei 180 °C für etwa 20–25 Minuten in den Ofen geschoben.

Blätterteig-Krauttaschen

Zutaten: 500 g Sauerkraut
1 Packung Blätterteig
150–200 g durchwachsenen Speck im Ganzen
1–2 gewürfelte Zwiebeln
2 Eier
3 EL Crème fraîche
1 Eigelb
Butter
Salz, Pfeffer

Speck in Würfel schneiden und zusammen mit den Zwiebeln in einer heißen Pfanne mit Butter anrösten. Jetzt das Sauerkraut zugeben, gut durchrühren und dünsten. Die Pfanne vom Herd nehmen und abkühlen lassen. Die Crème fraîche in einer Schale mit den Eiern, Salz und Pfeffer gut verrühren. Den Blätterteig aus der Packung nehmen, ausrollen und mit einem Messer quer halbieren. Jeweils Kraut in die Mitte geben, den Teig zusammenklappen und an den Rändern festdrücken. Die Blätterteig-Krauttaschen auf ein mit Backpapier ausgelegtes Backblech legen, mit verquirltem Eigelb bestreichen und bei 200 °C etwa 20 Minuten im Ofen backen.

Tomatenkraut

Zutaten: 1 Krautkopf
8 Tomaten
2 fein geschnittene Zwiebeln
2 gepresste Knoblauchzehen
250 ml Rindssuppe
3 EL Zitronensaft
5 EL Olivenöl
Salz, Pfeffer, 1 TL Kümmel

Den Krautkopf vierteln, die äußeren Blätter und den Strunk entfernen. Anschließend in feine Streifen schneiden. Die Tomaten waschen und in Würfel schneiden. Das Öl in einer Pfanne erhitzen und die geschnittenen Zwiebeln goldgelb anrösten. Das fein geschnittene Kraut und die gewürfelten Tomaten dazugeben und mit rösten. Mit Salz, Pfeffer, Kümmel und gepresstem Knoblauch würzen und kräftig durchrühren. Zum Schluss die Rindssuppe aufgießen und mit Zitronensaft verfeinern.

Das Tomatenkraut passt gut als Beilage zu Bratwürsten und Fleischgerichten oder als Hauptgericht mit gekochten oder gebratenen Kartoffeln.

Kürbisgerichte

Kürbisgulasch

Zutaten: 700 g Kürbisfleisch
1 klein geschnittene Zwiebel
5 EL Olivenöl
2–3 EL Balsamicoessig
250 ml Wasser
Salz, Pfeffer,
Paprikapulver edelsüß,
Majoran, Kümmel,
2 Lorbeerblätter

Kürbisfleisch würfelig schneiden und beiseite stellen. Die Zwiebel bei schwacher Hitze im Olivenöl anrösten. Das Paprikapulver zügig unterrühren, sofort mit Balsamicoessig ablöschen und etwas Wasser hineingießen. Die Kürbiswürfel und Gewürze beigeben. Das Ganze bei kleiner Hitze dünsten, bis die Kürbiswürfel bissfest sind. Immer wieder Wasser nachfüllen, da das Ganze eine Suppenkonsistenz haben soll. 1 TL Maisstärke mit etwas Wasser verrühren und untermengen, nochmals leicht aufkochen, sodass das Kürbisgulasch andickt.

Kürbispüree

Zutaten: 1 kg Hokkaido-Kürbis
4 EL Olivenöl
Salz, Pfeffer, Muskat

Backofen auf 200 °C vorheizen. Kürbis halbieren, entkernen, schälen und in Spalten schneiden. Ein Backblech mit Backpapier auslegen und die Kürbisspalten darauf verteilen. Ein wenig Wasser aufgießen und etwa 20 Minuten im Ofen lassen, bis der Kürbis weich ist. Bei Bedarf Wasser nachgießen. Anschließend den Kürbis in einen Topf geben, mit Salz, Pfeffer und Muskat würzen, mit einem Kartoffelstampfer zerstampfen und das Öl unterrühren.

Kürbis-Krautrouladen

Zutaten: 500 g Kürbis
1 Kopf Weißkraut
250 g Feta
1 gewürfelte Zwiebel
2–3 EL Butter
250 ml Gemüsesuppe
Salz, Pfeffer, Kümmel

Backofen auf 180 °C vorheizen. Krautkopf säubern und in Salzwasser kurz ankochen, bis sich die Blätter lösen. Abgießen und unter kaltem Wasser abschrecken. Den Kürbis schälen und in kleine Würfel schneiden. Die Kürbiswürfel in Wasser weich kochen, abgießen und zerdrücken. Die Krautblätter ausbreiten, den Strunk entfernen und glatt streichen. Etwa 100 g angekochten Krautblätter in Streifen schneiden. In einem Topf die Butter erhitzen und die Zwiebel zusammen mit den geschnittenen Krautblättern anrösten. Das Kürbisfleisch dazugeben, mit Salz, Pfeffer und Kümmel abschmecken und etwa 10 Minuten leise köcheln lassen. Vom Herd nehmen und etwas abkühlen lassen. Danach die Kürbismasse in die Mitte der großen nicht geschnittenen Krautblätter streichen, jeweils etwas Feta darauf zerbröseln und das Krautblatt einrollen. Die Rouladen in eine Auflaufform schichten, mit Gemüsesuppe begießen und etwa 30 Minuten bei 180 °C im Backofen garen. Dazu Petersilienkartoffeln oder Fladenbrot servieren.

Kürbissuppe

Zutaten: 1,5 kg Kürbis
750 g säuerliche Äpfel
½ TL Curry
2–3 EL Olivenöl
1 Suppenwürfel (Gemüsesuppe)
1 Becher Schlagsahne
Salz, Pfeffer

Kürbis ungeschält und entkernt in grobe Würfel schneiden. Äpfel entkernen und ebenfalls in grobe Würfeln zerkleinern. Öl in einem Topf erhitzen, Äpfel und Kürbis darin anbraten, 2–3 Minuten dünsten, dann Wasser aufgießen, sodass alles bedeckt ist. Curry dazugeben und 10 Minuten kochen lassen. Vom Herd nehmen und pürieren. Mit dem Suppenwürfel, Salz und Pfeffer würzen, die Sahne einrühren, gegebenenfalls mit etwas Wasser verdünnen und servieren.

Kürbisrisotto

Zutaten: 1 mittelgroßer Hokaido-Kürbis
300 g Risottoreis
2 EL Rapsöl
2 Suppenwürfel
1 Becher Crème fraîche
Geriebener Parmesan
Salz, Pfeffer

Rapsöl in einem Topf erhitzen, den Risottoreis dazugeben und leicht anschwitzen. Den Kürbis schälen, entkernen, Fruchtfleisch in kleine Würfel schneiden und zum Reis geben. Etwas Wasser nachgießen, Suppenwürfel einbröseln und unter ständigem Rühren – dabei immer wieder Wasser nachgießen – so lange köcheln lassen, bis der Kürbis weich und der Reis gar ist. Zum Schluss die Crème fraîche einrühren, mit Salz und Pfeffer abschmecken und mit Parmesan bestreut servieren.

Kürbisstrudel

Zutaten: 600 g Kürbis
1 Packung Strudelblätter
2 grob gewürfelte Zwiebeln
100 g flüssige Butter
Olivenöl
Gehackte Kürbiskerne
Salz, Pfeffer, Oregano, Thymian

Kürbis schälen, entkernen, grob würfeln und zusammen mit den Zwiebeln in heißem Öl anschwitzen. Etwas Wasser oder Gemüsefond aufgießen, Kräuter dazugeben, salzen, pfeffern und etwa 10 Minuten zugedeckt leise köcheln lassen. Backofen auf 200 °C vorheizen. Ein Strudelblatt vorsichtig auf einem feuchten Küchentuch auslegen, mit zerlassener Butter bestreichen und das zweite Strudelblatt darauflegen. Das abgekühlte Kürbisgemüse am oberen Rand in einer länglichen Bahn verteilen, die Teigblätter rechts und links einschlagen und mit-

hilfe des Küchentuchs vorsichtig aufrollen. Den Strudel mit Butter bestreichen und ca. 25 Minuten im Ofen backen.

Der Strudel eignet sich als Beilage zu Geflügel, Fisch und Fleisch oder
kann als Hauptgericht mit grünem Salat serviert werden.

Kürbisgratin mit Speck und Käse

Zutaten: 800 g Hokaido-Kürbis
1 Packung geschnittener Speck
200 ml Milch
1 Becher Schlagsahne
100 g geriebener Hartkäse
Frische Petersilie
Butter
Salz, Pfeffer

Backofen auf 180 °C vorheizen. Den Kürbis halbieren und entkernen.
Das Fruchtfleisch in fingerdicke Spalten schneiden. Eine Auflaufform
mit Butter einfetten, den Boden mit Speck belegen und die geschnittenen Kürbisspalten darauf verteilen. Die Milch mit der Sahne in einem Topf verrühren und aufkochen, mit Salz und Pfeffer würzen und
in Auflaufform gießen. Den Käse darauf verteilen und auf mittlerer
Schiene etwa 45 Minuten backen. Mit gehackter Petersilie bestreut servieren.

Kürbisspaghetti

Zutaten: 300 g Kürbisfleisch
500 g Spaghetti
100 g geschnittener Speck
1 gewürfelte Zwiebel
250 ml Gemüsesuppe
Olivenöl
Crème fraîche
Salz, Pfeffer, geriebener Parmesan

Spaghetti bissfest kochen. In der Zwischenzeit Öl in einem Topf erhitzen und den Speck anrösten, danach herausnehmen und zur Seite stellen; etwas Öl in den Bratrückstand geben und die Zwiebel anschwitzen.
Anschließend das in kleine Würfel geschnittene Kürbisfleisch hinzugeben und anbraten. Nach einigen Minuten mit der Suppe ablöschen und
das Ganze dünsten. Sobald der Kürbis weich ist, die Masse pürieren,
Crème fraîche einrühren, Speck beigeben und mit Salz und Pfeffer würzen. Spaghetti mit der Kürbissoße vermengen und mit Parmesan bestreut servieren.

Kürbis-Reispfanne

Zutaten: 500–750 g Hokaido-Kürbis
500 g Hühnerfilet
200 g Wildreis
1 Bund Petersilie
500 ml Wasser
Orangensaft
3–4 EL Sonnenblumenöl
Salz, Pfeffer

Reis nach Packungsanleitung zubereiten. Kürbis schälen, entkernen und in kleine Würfel schneiden. Die Hühnerfilets waschen, trocken tupfen und ebenfalls in Würfel schneiden. Die Petersilie waschen und fein hacken. Sonnenblumenöl in einer Pfanne erhitzen und das Fleisch darin von allen Seiten anbraten. Wenn das Fleisch Farbe angenommen hat, die Kürbiswürfel dazugeben und rösten. Mit Salz und Pfeffer würzen. 500 ml Wasser und etwas Orangesaft aufgießen und etwa 5–6 Minuten köcheln lassen. Den fertigen Reis dazugeben, alles gut durchmischen und mit Petersilie bestreut servieren.

Kürbis-Nudelauflauf

Zutaten: 450 g Kürbis
100 g Speck
300 g Bandnudeln
100 g Gorgonzola
300 g saure Sahne
2 EL Rapsöl
Salz, Pfeffer, Salbei

Nudeln bissfest kochen. Speck und Kürbisfleisch in Würfel schneiden. Öl in einer Pfanne erhitzen, Speck anrösten, die Kürbiswürfel dazugeben und mit Salz und Pfeffer würzen. Salbei fein schneiden und in die Pfanne geben. Gorgonzola zerbröseln und mit der sauren Sahne vermischen. Die Nudeln mit der Kürbis-Speckmasse, der sauren Sahne und dem Gorgonzola gut vermengen. Eine Auflaufform mit etwas Butter einfetten, Semmelbrösel einstreuen und die Masse einfüllen. Bei 180 °C ca. 40 Minuten im Ofen backen. Nach etwa 20 Minuten die Backform mit Alufolie abdecken, damit der Auflauf nicht zu trocken wird.

Nockerl, Spätzle, Palatschinken & Omelette

Wasserspatzen

Zutaten: 250 g Mehl (Universal)
250 g heißes Wasser
1 Ei
1 Prise Salz
1 kleiner Bund gehackte Petersilie und Schnittlauch

Mehl, Wasser, Ei und Salz in einer Schüssel zu einem Teig verrühren. Wasser in einem großen Topf aufkochen und Salz hinzugeben. Einen Teelöffel zuerst kurz ins kochende Wasser halten, um ihn anzuwärmen, danach ein kleines Stück Teig ausstechen und ins Wasser geben. Durch das kochende Wasser löst sich der Teig vom Löffel. Diesen Vorgang so lange wiederholen, bis der Teig aufgebraucht ist. Die Wasserspatzen sind fertig, sobald sie an der Oberfläche schwimmen. Anschließend abgießen, in eine Schüssel geben, die Kräuter untermischen und servieren.

Krautnockerl

Zutaten: 500 g Sauerkraut
100 g durchzogener Speck
2 Eier
400 g Mehl
250 ml Wasser
Rapsöl
1 TL Salz

Zuerst das Sauerkraut in etwas Wasser weich dünsten und in einer Schüssel zur Seite stellen. Aus Mehl, Eiern, Salz und Wasser einen Teig rühren. Wasser in einem großen Topf aufkochen und salzen. Mit einem kleinen Löffel Nockerl aus dem Teig stechen und ins kochende Wasser gleiten lassen. Wenn die Nockerl an der Oberfläche schwimmen, herausnehmen und unter das Kraut mischen. Zuletzt den Speck in kleine Würfel schneiden, in ein wenig heißem Öl anrösten, die Krautnockerl hineingeben, aufwärmen und servieren.

Grundrezept Palatschinken

Zutaten: 200 g Mehl
2 Eier
500 ml Milch
1 EL Sonnenblumenöl
Butter zum Anbraten

1. Die Zutaten vermischen und zu einem glatten, flüssigen Teig vermengen

2. Etwas Butter in der Pfanne erhitzen und 1 Schöpflöffel Teig hineingießen

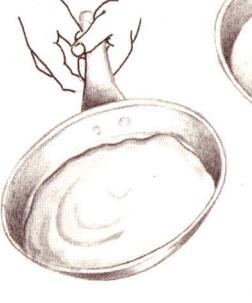

3. Durch Hin- und Herschwenken der Pfanne den Teig möglichst gleichmäßig verteilen

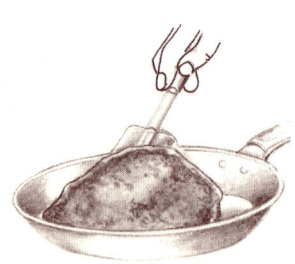

4. Bei geringer Hitze den Teig stocken lassen und die Palatschinke vorsichtig wenden

5. Wenn die Palatschinke auf beiden Seiten goldbraun ist, ist sie fertig

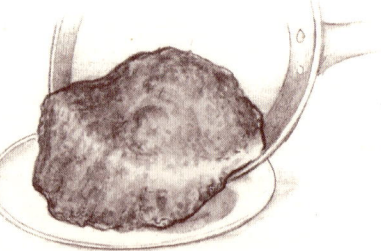

Eiernockerl

Zutaten: 10 Eier
750 g Mehl (universal)
125 ml Sonnenblumen- oder Maiskeimöl
500 ml Milch
125 g Butter
Gehackte Petersilie
Salz, Pfeffer

Mehl, Milch, Salz, Pfeffer, Öl und 4 Eier mit dem Mixer zu einem dicken, zähen Teig verrühren.

Tipp: Wenn der Teig zu dünn ist, kann noch etwas Mehl eingerührt werden; wenn er zu dickflüssig geworden ist, kann man ihn mit etwas Milch strecken.

Einen großen Topf bis zur Hälfte mit Wasser befüllen, aufkochen, dann etwas Salz beigeben und den Teig mit einer Spätzlereibe hineinreiben. Alternativ kann man auch mit einem Teelöffel kleine Nockerl aus der Teigmasse schaben und in das kochende Wasser geben. Das Wasser sollte leicht kochen bzw. wallen, während der Teig hineingegeben wird. Wenn die Nockerl an der Oberfläche schwimmen, sind sie fertig. Anschließend in ein Sieb abgießen und mit kaltem Wasser abschrecken. Nun die übrigen 6 Eier in einer Schüssel mit der gehackten Petersilie verrühren und in einen Topf mit zerlassener Butter bei mittlerer Hitze geben. Die Masse unter ständigem Rühren so lange im Topf lassen, bis sie stockt. Jetzt die Nockerl hinzugeben, mit Salz und Pfeffer würzen und kurz aufwärmen.

Pizzapalatschinken

Zutaten: Palatschinkenteig (siehe Grundrezept Palatschinken, Seite 58)

Füllung: 1 Packung passierte Tomaten
200 g gekochter Schinken
250 g geriebener Emmentaler
1 Dose Champignons
1 Dose Mais
Salz, Pfeffer, Oregano, Knoblauchöl

Palatschinken wie oben (siehe Grundrezept, Seite 58) zubereiten. Die fertigen Palatschinken beiseite stellen.

Für die Füllung nun die passierten Tomaten in einem Topf aufkochen und mit Salz, Pfeffer und Oregano würzen. Die einzelnen Palatschinken mit dieser Masse bestreichen und mit Schinkenstreifen, Champignons, Mais und Emmentaler belegen und einrollen. Die Palatschinken in die gefettete Form legen, nochmals mit Käse und Oregano bestreuen, etwas Knoblauchöl darüber träufeln und das Ganze mit einem Stück Alufolie abdecken. Im vorgeheizten Ofen bei 220 °C etwa 10 Minuten überbacken.

Schlutzkrapfen

Zutaten: 200 g Magerquark
500 g TK-Blattspinat
1 kleine fein geschnittene Zwiebel
2 Knoblauchzehen
250 g Roggenmehl
250 g Weizenmehl
3 EL Butter
1 Ei
1 EL Sonnenblumenöl
3 EL geriebener Parmesan
1 Bund Schnittlauch
Salz, eine Prise Majoran

Roggenmehl, Weizenmehl, Ei und Salz mit etwas Wasser in einer Schüssel zu einem Teig verarbeiten und kurz ruhen lassen. Für die Füllung den aufgetauten Blattspinat in einem Sieb gut abtropfen lassen, mit dem Quark, der Zwiebel, dem gepressten Knoblauch, Salz und Majoran vermischen. Den Teig auf einer bemehlten Fläche dünn ausrollen und mit einem Glas Stücke ausstechen. Mit einem Löffel die Füllung darauf verteilen und halbmondförmig zusammenklappen. Die Ränder gut zusammendrücken. Wasser in einem großen Topf aufkochen, Salz und Öl dazugeben und die Schlutzkrapfen 5 Minuten kochen. Mit Parmesan und Schnittlauch bestreuen und mit zerlassener Butter übergießen.

Gemüsepalatschinken

Zutaten: Palatschinkenteig (siehe Grundrezept, Seite 58)

Tipp: Zur Verfeinerung des Palatschinkenteigs kann man noch eine Packung TK-Kräutermischung hinzugeben.

Gemüsefüllung:

2 Beutel italienisches Pfannengemüse (TK)
½ Beutel TK-Kräuter

Palatschinken wie oben (siehe Grundrezept Palatschinken, Seite 58) zubereiten. Die fertigen Palatschinken beiseite stellen.

Das gefrorene Gemüse in eine heiße Pfanne ohne Fett geben. Auf relativ hoher Hitze unter ständigem Rühren garen, bis das Gemüse aufgetaut und die Flüssigkeit ausgetreten ist. Die TK-Kräuter dazugeben und auf mittlerer Hitze unter gelegentlichem Rühren, so lange weitergaren, bis die Flüssigkeit verkocht ist. Das Gemüse auf die Palatschinken verteilen und einrollen. Hierzu passen Sauce Hollandaise, Knoblauch- und Kräutersoße.

Topfenspätzle

Zutaten: 150–200 g fein geschnittener gekochter Schinken
500 g Weizenmehl
5 Eier
250 g saure Sahne
200 g geriebener Parmesan
Butter
Salz

Mehl mit den Eiern, der sauren Sahne und einer Prise Salz mit dem Handrührgerät in einer Schüssel vermengen, bis der Teig Blasen wirft. Wenn die Masse langsam und zäh von den Rührstäben fließt, ist er fertig. Danach ein Geschirrtuch über die Schüssel legen und den Teig etwa 20 Minuten ruhen lassen. Wasser in einem großen Topf aufkochen und salzen. Mit einer Spätzlereibe den Teig direkt in den Topf pressen, bis der Teig aufgebraucht ist. Sobald die Spätzle an der Oberfläche schwimmen, mit einem Schaumlöffel herausnehmen und in einem Sieb abtropfen lassen. Das Ganze so lange wiederholen, bis der Teig aufgebraucht ist. Butter in einer Pfanne auf kleiner Flamme zerlassen und die fertigen Spätzle darin schwenken. Mit Parmesan bestreuen und mit dem in feine Streifen geschnittenen Schinken belegen und servieren.

Käsespätzle

Zutaten: 600 g Weizenmehl
6 Eier
300 g geriebener Emmentaler
1 in Ringe geschnittene Zwiebel
4 EL Sonnenblumenöl
Etwa 200 ml Wasser
Paniermehl
Salz, Pfeffer

Mehl, Eier, etwa 200 ml Wasser und eine Prise Salz in einer Schüssel zu einem Teig vermengen, bis der Teig

Blasen wirft. Wenn der Teig zäh vom Mixer tropft, ist er fertig angerührt.

Wasser aufkochen und salzen. 2 EL Teig auf einem Brett glatt streichen. Mit einem Schaber oder einen großen Messer kleine Streifen vom Teig direkt in den Topf streifen.

Tipp: Wenn man das Brett und das Messer kurz vor dem Schaben ins kochende Wasser hält, bleibt der Teig daran nicht kleben.

Sobald die Spätzle an der Oberfläche schwimmen, mit einem Schaumlöffel herausnehmen und in einem Sieb abtropfen lassen. Das Ganze so lange wiederholen, bis der Teig aufgebraucht ist. Die Zwiebelringe in einer Pfanne in Sonnenblumenöl leicht anbraten. Die fertigen Spätzle mit den Zwiebelringen und etwa 2/3 des Emmentalers vermengen und in eine eingefettete und mit Paniermehl ausgestreute Auflaufform geben. Den restlichen Emmentaler darüberstreuen, mit Salz und Pfeffer würzen und im Ofen bei etwa 200 °C backen, bis der Käse geschmolzen ist. Mit grünem Salat servieren.

Teigtascherl mit Schinken-Käse-Füllung

Zutaten: 250 g gekochter Schinken
250 g Käse (z. B. Emmentaler oder Parmesan)
300 g Mehl
4 Eier
Semmelbrösel
Sonnenblumenöl
Salz, Basilikum und Oregano

Das Mehl in eine Schüssel sieben. In einer zweiten Schüssel 1 ganzes Ei, 1 EL Öl und Salz mit dem Mixer gründlich vermischen und dann langsam zum Mehl geben und kräftig durchkneten. Die Schüssel mit einem Geschirrtuch bedecken und 10 Minuten ruhen lassen. In der Zwischenzeit den Schinken in Würfel und den Käse in dünne Streifen schneiden. Die restlichen 3 Eier in einer Schüssel verquirlen und beiseite stellen. Den Teig nochmals gut durchkneten, handtellergroße Stücke abtrennen, zu Kugeln formen und dünn ausrollen. Käsestreifen und Schinkenwürfel auf die Teigscheiben legen, mit Basilikum und Oregano würzen und in der Mitte zusammenfalten. Die Ränder mit einer Gabel festdrücken, sodass ein gewellter Rand entsteht. Das Öl in einer Pfanne erhitzen, die Teigstücke auf einer Seite mit der Eimasse bestreichen und anschließend in die Semmelbrösel drücken. Im heißen Öl beidseitig goldgelb anbraten.

63

Doppelte Fleischpalatschinken

Zutaten: Palatschinkenteig (siehe Grundrezept, Seite 58)

Füllung: 200 g gekochter Schinken
1 kleine gewürfelte Zwiebel
1 Bund Petersilie
150 g geriebener Parmesan
Salz, Pfeffer

Palatschinken wie oben (siehe Grundrezept Palatschinken, Seite 58) zubereiten. Die fertigen Palatschinken beiseite stellen. Hier werden zunächst nur ¾ des Teiges verbraucht; ¼ müssen verwahrt werden.

Den in Würfel geschnittenen Schinken und die Zwiebel in eine Schale geben, mit Salz, Pfeffer und gehackter Petersilie vermengen und abschmecken. Jeweils eine Palatschinke halbieren, etwas von der Schinkenmischung auftragen und einrollen. Die eingerollten Palatschinken durch den restlichen Teig ziehen und nochmals in heißem Fett ausbacken. Eine Auflaufform mit Backpapier auslegen, die Palatschinken hineinlegen und mit dem Parmesan bestreuen. Etwa 20 Minuten bei 200 °C im Ofen überbacken, bis der Käse goldgelb wird.

Spinatspätzle

Zutaten: 600 g TK-Blattspinat
750 g Mehl (universal)
3 Eier
200 g gekochter Schinken
100 g geriebener Parmesan
50 g Butter
125 ml Milch
3 Knoblauchzehen
Salz, Pfeffer, Muskat

Den gefrorenen Blattspinat in einem Topf auf kleiner Flamme auftauen und mit Pfeffer und Muskat würzen. Dann das Mehl, die Eier und den lauwarmen Spinat in einer Schüssel zu einem Teig vermengen. Wasser in einem großen Topf aufkochen, salzen und den Teig mit einer Spätzlereibe in den Topf reiben, bis der Teig aufgebraucht ist. Sobald die Spätzle an der Oberfläche schwimmen, mit einem Schaumlöffel herausnehmen und in einem Sieb abtropfen lassen, bis der Teig aufgebraucht ist. Den Schinken in dünne Streifen schneiden und in einer Pfanne mit zerlassener Butter anrösten. Den gepressten Knoblauch hinzugeben und unter Rühren die Milch darauf gießen. Kurz aufkochen, den Parmesan einrühren und mit Salz und Pfeffer würzen. Die Spätzle in die Pfanne geben, mit der Soße vermengen, erhitzen und heiß servieren.

Speck-Omelette

Zutaten: 180 g geschnittener Speck
4 Eier
1 gewürfelte Zwiebel
350 ml Milch
250 g Mehl
1 Schuss Maiskeimöl
Salz

Milch und Mehl zu einem Teig verrühren. Die Eier trennen, die Eigelbe in den Teig rühren und das Eiweiß in einer Schüssel mit dem Mixer zu Eischnee schlagen. Den Eischnee unter den Teig heben. Den geschnittenen Speck mit der gewürfelten Zwiebel vermischen und in 6 Portionen teilen. In einer Pfanne etwas Öl erhitzen und 1 Portion der Speck-Zwiebelmasse erhitzen, 1/6 der Teigmasse darüber gießen, und langsam auf beiden Seiten goldgelb braten. So lange wiederholen, bis der Teig aufgebraucht ist.

Buttermilch-Speck-Küchlein

Zutaten: 150 g durchwachsener Räucherspeck
1 große gewürfelte Zwiebel
3 Eier
350 g Mehl
1 Packung Buttermilch
2–3 EL Rapsöl oder Schweineschmalz
½ Bund Petersilie
Salz, Pfeffer

Speck in kleine Würfel schneiden und zusammen mit der Zwiebel und der Petersilie vermengen. Das Öl in einer Pfanne erhitzen und das Gemisch anbraten, bis die Zwiebel knusprig wird. Mehl, Eier und die Buttermilch in einer Schüssel vermengen, salzen und die Speckmischung einrühren. In einer Pfanne Öl bzw. Schmalz erhitzen und mehrere aus der Masse geformte kleine Küchlein darin bei leichter Hitze von beiden Seiten anbraten. Mit grünem Salat servieren.

Käse-Kräuter-Omelette

Zutaten: 250 g geriebener Emmentaler
½ TL geriebener Parmesan (je Omelette)
8 Eier
½ Packung TK-Kräuter
Butter zum Anbraten

Eier trennen, das Eigelb in einer Schale cremig schlagen und das Eiweiß zu einem steifen Eischnee schlagen. Die Kräuter und das Eigelb unterheben. Butter in einer Pfanne erhitzen und die Eiermischung hineingeben. 250 g Käse darauf streuen, den Eierteig bei niedriger Hitze stocken lassen, bis die Unterseite goldgelb ist. Das Omelette auf den Teller legen, in der Mitte zusammenfalten und mit dem Parmesankäse bestreut servieren.

Quark-Nockerl

Zutaten: 2 Packungen Magerquark
2 Eier
3 EL Mehl
1 gewürfelte Zwiebel
2–3 Knoblauchzehen
1 EL gehackte Petersilie
4 EL Semmelbrösel
Salz, Pfeffer, Muskat
Butter

Eier in einer Schüssel verquirlen. Quark, Zwiebeln, Mehl, Semmelbrösel, Petersilie und gepressten Knoblauch mit den Eiern vermengen. In einer Pfanne die Butter erhitzen, mit einem Löffel Laibchen aus der Masse formen, in die heiße Butter geben und langsam beidseitig anbraten. Dazu passt grüner Salat.

Pizza, Flammkuchen und Fladenbrot

Grundrezept Pizzateig

Zutaten für 4 Portionen:
- 1 kg Mehl
- 500 ml lauwarmes Wasser
- 2 Würfel Hefe
- 2 TL Salz
- 1 Prise Zucker
- 1 EL Margarine

Das lauwarme Wasser in eine Schüssel geben und mit der Hefe, Margarine und Salz gut vermengen. Das Mehl nach und nach einrühren und mit dem Handrührgerät gut verrühren, bis sich eine feste Masse gebildet hat; anschließend den Teig mit den Händen weiter kneten.

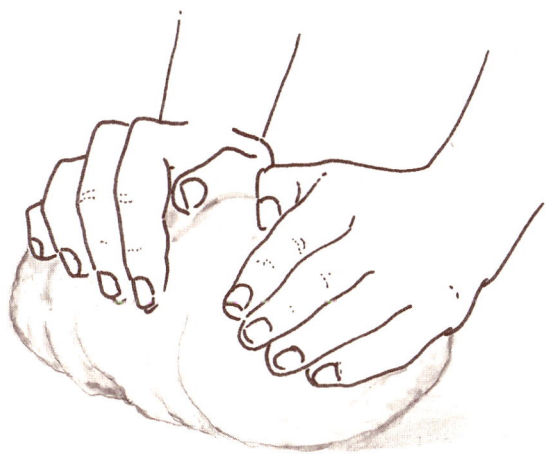

Die feste Teigmasse mit Mehl bestreuen und in einer mit einem feuchten Tuch abgedeckten Schüssel etwa 6 Stunden lang gehen lassen. Alle 2 Stunden den Teig mit etwas Mehl bestreuen, nochmals durchkneten und wieder mit dem Tuch bedecken. Nach 6 Stunden kann der Teig dünn ausgerollt und belegt werden.

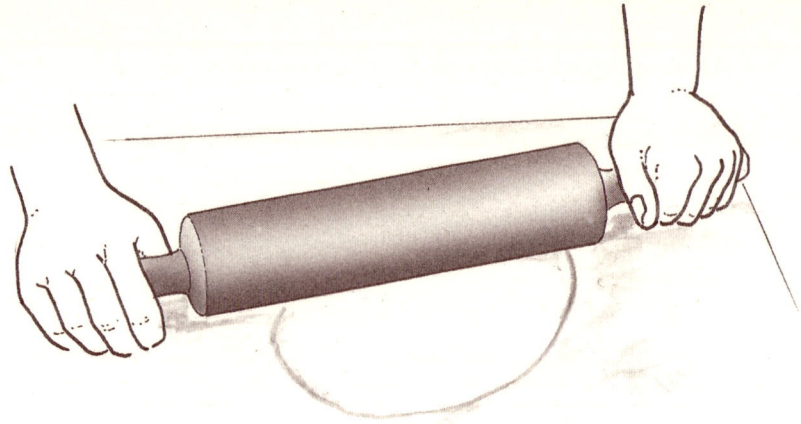

Tipp: Der Teig ist im Kühlschrank etwa 3 Tage haltbar, man kann ihn aber auch portioniert einfrieren und nach Bedarf auftauen. Der Hefeteig ist die Basis für leckere Pizza und kann auch für Flammkuchen verwendet werden.

Flammkuchen

Zutaten:

Teig: 200 g Mehl
           125 ml Wasser
           1 Würfel Hefe

Belag: 150 g Speckwürfel
           2 mittelgroße gewürfelte Zwiebeln
           1 Becher Crème fraîche
           2 EL Maiskeimöl
           Salz, Pfeffer

Das Mehl in einer Schüssel mit dem Wasser, Öl und der Hefe mit einem Handrührgerät gut verkneten. Salzen und eventuell etwas Mehl nachgeben, da der Teig nicht zu klebrig sein sollte. Etwa 10–20 Minuten stehen lassen. Das Backblech mit Backpapier auslegen und den Teig darauf dünn ausrollen. Die Crème fraîche gleichmäßig auf dem Teig verteilen. Anschließend mit den klein geschnittenen Zwiebeln und dem Speck belegen. Den Flammkuchen für etwa 10–15 Minuten im vorgeheizten Ofen bei 180 °C backen, bis die Zwiebeln an den Rändern Farbe bekommen und der Boden knusprig ist.

Sauerkrautflammkuchen

Zutaten: Flammkuchenteig (siehe Flammkuchen, Seite 68)

Belag: 400 g Sauerkraut
150 g geräucherter Schinken
1 Chilischote
1 Becher Crème fraîche
Schnittlauch
Salz, Pfeffer

Für den Teig das Rezept für den Flammkuchen verwenden (siehe Seite 58).

Chilischote klein hacken, Schnittlauch fein schneiden und beides mit dem Sauerkraut vermengen. Den Schinken in kleine Würfel schneiden. Den Teig auf ein mit Backpapier ausgelegtes Blech legen, mit Crème fraîche bestreichen, das Sauerkraut darauf verteilen und mit den Schinkenwürfeln bestreuen. Im vorgeheizten Ofen bei 180 °C etwa 10–12 Minuten backen.

Kürbisflammkuchen

Zutaten: 600 g Kürbis
150 g durchwachsener Speck
300 g Kräuterfrischkäse
6 kleine in Ringe geschnittene Zwiebeln
6 EL Milch
Salz, Pfeffer

Für den Teig das Rezept für den Flammkuchen verwenden (siehe Seite 68).

Kürbis vierteln, entkernen und das Fruchtfleisch mit einer Reibe fein hobeln. Frischkäse mit der Milch verrühren und die Zwiebelringe dazugeben. Den Teig mit der Käsemischung bestreichen und anschließend mit dem Kürbis belegen. Den fein geschnittenen Speck darauf verteilen, mit Salz und Pfeffer würzen und im vorgeheizten Ofen bei 180 °C etwa 10–12 Minuten backen.

Tipp: Eine besondere Note bekommt der Flammkuchen, wenn vor dem Backen etwas Gorgonzola über den Belag gestreut wird.

Pizzastrudel

Zutaten: Pizzateig (siehe Grundrezept Pizzateig, Seite 67)

Füllung: 3 Paprika (gelb, rot, orange)
100 g geriebener Parmesan
200 g getrocknete Tomaten (in Öl eingelegt)
250 g gekochter Schinken
1 Eigelb
Majoran, Oregano

Für die Zubereitung des Teigs siehe Grundrezept Pizzateig, Seite 67.

Paprika schälen und in kleine Stücke schneiden (siehe hierzu unten Tipp: Paprika schälen). Die getrockneten Tomaten abtropfen lassen, dabei das Öl in einem Gefäß auffangen. Tomaten und Parmesan in eine Schale geben und mit einem EL des aufbewahrten Öls zu einer Masse pürieren. Gegebenenfalls etwas Öl hinzufügen. Die unteren 2/3 des Pizzateigs mit der pürierten Tomatenmasse bestreichen, mit Schinken belegen und die Paprikastücke darauf verteilen. Den Teig einrollen und in eine geölte Kastenform legen. Den Strudel mit dem verquirlten Eigelb bestreichen und für ca. 40 Minuten auf mittlerer Schiene im vorgeheizten Ofen bei 180 °C backen.

Tipp: Verschiedene Möglichkeiten, Paprika zu schälen

1. Paprika halbieren, entkernen, auf ein Backblech legen und bei 120 °C so lange im Backofen lassen, bis die Haut dunkel wird und Blasen wirft. Danach lässt sich die Haut ganz einfach abziehen.

2. Paprika halbieren und entkernen. Wasser in einem Topf aufkochen und die Paprika kurz ins kochende Wasser geben. Herausnehmen und die Schale abziehen.

3. Paprika waschen und die Schale mit einem Sparschäler abziehen. Diese Methode funktioniert am besten bei frischen, knackigen Paprikas.

Fladenbrotpizza

Zutaten: 1 Fladenbrot
150 g Salami
1 Dose Mais
1 Dose Champignons (geschnitten)
1–2 Gläser Tomatenpesto
200 g geriebener Käse (Mozzarella, Parmesan oder Emmentaler)
Oregano, Knoblauchöl

Ein großes Fladenbrot in der Mitte in Ober- und Unterhälfte schneiden. Beide Hälften gleichmäßig mit Pesto bestreichen und anschließend mit Salami, Mais und Champignons belegen. Mit Käse und Oregano bestreuen und im vorgeheizten Ofen bei 200 °C etwa 10 Minuten backen. Anschließend mit Knoblauchöl beträufeln.

Fladenbrotpizza mit Thunfisch, Tomate und Paprika

Zutaten: 2 Fladenbrote
1 Dose Thunfisch (in Öl eingelegt)
2 Paprika (gelb und rot)
4 Tomaten
2 Packungen Frischkäse
250 g geriebener Käse (z. B. Parmesan, Emmentaler, Mozzarella)
Salz, Pfeffer, Oregano, Basilikum

Ofen auf 180 °C vorheizen. Tomaten und Paprika in kleine Stücke schneiden. Die Fladenbrote aufschneiden und mit Frischkäse bestreichen. Den Thunfisch in eine Schüssel geben, mit der Gabel zerdrücken und auf die Fladenbrothälften verteilen, Paprika- und Tomatenwürfel darübergeben, mit Kräutern und geriebenem Käse bestreuen. Salzen und Pfeffern und für etwa 10 Minuten in den Ofen schieben.

Gemüsegerichte

Bohnengulasch

Zutaten: 4 Debrecziner
250 g grüne Bohnen
250 g gelbe Bohnen
2 gewürfelte Zwiebeln
3 Knoblauchzehen
2 EL Tomatenmark
250 g saure Sahne
500 ml Rindssuppe
20 g Mehl
2 EL Butter oder Margarine
½ Packung TK-Dill
Salz, Pfeffer, Kümmel, 30 g Paprikapulver edelsüß

Debrecziner in dünne Scheiben schneiden. Butter in einem Topf erhitzen und die Zwiebeln darin leicht anschwitzen. Die Wurstscheiben hinzufügen und kurz kräftig rösten. Tomatenmark und Paprikapulver einrühren und die Suppe aufgießen, Gewürze und gepressten Knoblauch dazugeben und kurz aufkochen. Die saure Sahne mit dem Mehl verquirlen und einrühren. Jetzt die halbierten Bohnen beigeben und langsam köcheln lassen, bis die Bohnen bissfest sind. Anschließend den gehackten Dill untermengen, abschmecken und servieren.

Blumenkohl in Käsesoße

Zutaten: 1 großer Blumenkohl
250 g geriebener Gouda
500 ml Milch
2 EL Butter
2 EL Mehl
Salz, Pfeffer

In einem Topf auf kleiner Flamme die Butter zerlassen, das Mehl einrühren und die Milch unter ständigem Rühren langsam hinzugießen. Mit Salz und Pfeffer würzen und den geriebenen Käse einrühren. Topf anschließend vom Herd nehmen. Den Blumenkohl in Röschen schneiden, waschen und in einem Topf mit gesalzenem Wasser ca. 15–20 Minuten garen. Danach den Blumenkohl abgießen, abtropfen lassen und in eine Auflaufform geben. Mit der Soße übergießen und für 10 Minuten bei 180 °C in dem vorgeheizten Ofen backen und mit Salzkartoffeln servieren.

Bohnen-Tomatengemüse

Zutaten: 1 kg grüne Bohnen
1 kg Tomaten
3 klein geschnittene Zwiebeln
6 Knoblauchzehen
½ Tasse Olivenöl
Salz, Pfeffer

Die Bohnen waschen und in gleich große Stücke teilen. Tomaten klein schneiden. Das Olivenöl in einem Topf erhitzen und die Zwiebeln und den gehackten Knoblauch langsam goldgelb rösten. Die Bohnen und die Tomaten dazugeben und auf kleiner Flamme köcheln, bis die Bohnen weich sind und ein Teil der Flüssigkeit verdampft ist. Das Gericht schmeckt warm mit Fladenbrot oder auch kalt als Salat.

Linsen mit Speck

Zutaten: 400 g Linsen aus der Dose
200 g Speckwürfel
1 gewürfelte Zwiebel
500 ml Rindssuppe
1 EL Rapsöl oder 1 EL Schweineschmalz
2 EL Tafelessig
3 EL Mehl
Salz, Pfeffer, Kümmel,
Petersilie

Linsen in ein Sieb geben, abspülen und abtropfen lassen. Öl in einem Topf erhitzen und die Zwiebel goldgelb rösten. Die Speckwürfel dazugeben und anbraten. Das Mehl einrühren, die Suppe aufgießen und gut verrühren, damit keine Klumpen entstehen. Die Linsen in die Soße geben und auf kleiner Hitze ca. 15–20 Minuten garen, bis die Soße dickflüssig wird. Mit Salz, Pfeffer und Kümmel würzen. Zum Schluss den Essig unterrühren und mit gehackter Petersilie bestreut servieren. Mit Brot, Semmelknödeln, Serviettenknödeln, gebratenen Würsten oder Fleisch servieren.

Cowboy-Frühstück

Zutaten: 2 Dosen weiße Bohnen
200–300 g Speck
4 gewürfelte Zwiebeln
1,5 l Rindssuppe
3–4 EL Tomatenmark
3 EL Maiskeimöl
2 EL Paprikapulver scharf
Salz, Pfeffer, Cayennepfeffer, Chilipulver

Die Bohnen in ein Sieb geben, abspülen und abtropfen lassen. Speck würfelig schneiden. Das Öl in einer Pfanne erhitzen und die Zwiebelstücke darin glasig dünsten, wenn die Zwiebel etwas Farbe bekommen hat, den Speck beigeben und anbraten. Das Tomatenmark einrühren und die abgetropften Bohnen zugeben. Anschließend das Paprikapulver einrühren und die Suppe aufgießen, bis die Masse fast bedeckt ist. Die restlichen Gewürze hinzufügen und halb zugedeckt etwa 15–20 Minuten köcheln, bis die Bohnen weich sind. Mit Weißbrot oder Fladenbrot servieren.

Chinakohlauflauf

Zutaten: 2 mittelgroße Chinakohle
7 mittelgroße festkochende Kartoffeln
200 g geriebener Gouda
1 gewürfelte Zwiebel
Etwas Oliven- oder Sonnenblumenöl
2 Becher Schlagsahne
250 ml Wasser
1 Suppenwürfel
Salz, Pfeffer, Muskat

Kartoffeln schälen, halbieren und in kochendem Salzwasser bissfest kochen, abgießen und abkühlen lassen. Chinakohl halbieren, Strunk entfernen und in Streifen schneiden. Öl in einer Pfanne erhitzen, die Zwiebel leicht rösten und mit der Sahne ablöschen. Anschließend den Chinakohl hinzugeben. Mit Salz, Pfeffer, Muskat und dem zerbröselten Suppenwürfel würzen, gut durchrühren und 250 ml Wasser hineingießen. 10 Minuten auf kleiner Flamme im offenen Topf köcheln lassen, die Kartoffeln dazugeben und weitere 10 Minuten köcheln lassen. Eine Auflaufform einfetten, die Masse hineingeben, gleichmäßig mit Käse bestreuen und bei 180 °C etwa 20 Minuten im Ofen überbacken.

Linseneintopf

Zutaten: 1 Dose Linsen
200 g gewürfelter Speck
3 Karotten
1 Dose gestückelte Tomaten
1 gewürfelte Zwiebel
3 Knoblauchzehen
1 EL Rapsöl oder 1–2 EL Schweineschmalz
Salz, Pfeffer, Kümmel

Die Linsen in ein Sieb geben, abspülen und abtropfen lassen. Die Karotten kleinwürfelig schneiden. In einer großen Pfanne das Öl erhitzen und die Speckwürfel anbraten, die Zwiebelwürfel dazugeben und rösten, bis sie Farbe nehmen. Karottenwürfel und den gepressten Knoblauch hinzugeben. Danach die Linsen einrühren, mit den gestückelten Tomaten ablöschen und mit Salz, Pfeffer und 1 Prise Kümmel würzen. Das Ganze etwa 15–20 Minuten auf kleiner Flamme köcheln lassen. Mit frischem Brot servieren.

Bohnentortilla mit Paprika

Zutaten: 2 Dosen weiße Bohnen
2 große gewürfelte Zwiebeln
4–6 Knoblauchzehen
1 rote Paprika
6 Eier
4 EL Olivenöl
180 ml Milch
1 Bund Petersilie
1 Packung Feta
Salz, Pfeffer

Die Bohnen in einem Sieb abspülen und abtropfen lassen. Paprika waschen und in grobe Stücke schneiden. 4 EL Olivenöl in einer tiefen Pfanne erhitzen und Zwiebeln, gehackten Knoblauch und Paprika 3–4 Minuten unter Rühren anbraten. Die Bohnen hinzugeben, 2 Minuten dünsten und danach die gehackte Petersilie einrühren. Pfanne von der Kochstelle nehmen. Die Eier mit der Milch in einer Schüssel verquirlen, salzen, pfeffern und den Feta einbröseln. Anschließend mit der Bohnenmischung in der Schüssel vermengen. Etwas Olivenöl in einer Pfanne erhitzen, die vermischten Zutaten einfüllen und im vorgeheizten Ofen bei 200 °C auf mittlerer Schiene etwa 15–20 Minuten backen.

Chinakohl-Nudelpfanne

Zutaten: 500 g Chinakohl
250 g Nudeln
1–2 Karotten
1 fein gewürfelte Zwiebel
100 g Fleischwurst
1 EL Erdnussöl
Salz, Pfeffer

Nudeln nach Packungsanleitung kochen. Die Karotten waschen, schälen und in feine Streifen schneiden. Den Kohl vierteln, Strunk entfernen und in 1 cm breite Streifen schneiden. Die Wurststücke klein schneiden. Öl in einer großen Pfanne erhitzen und die Zwiebel rösten, Wurst hinzugeben und kräftig anbraten, das Gemüse beigeben, mit Salz und Pfeffer würzen, Nudeln untermischen und unter Rühren 5 Minuten gut durchbraten.

Tipp: Ein Schuss Sojasoße verfeinert das Gericht.

Mangold-Linsensoße

Zutaten: 400 g Mangold
80 g getrocknete Linsen
50 g getrocknete Tomaten
400 g Nudeln
2 fein gehackte Zwiebeln
1 Knoblauchzehe
1 l Gemüsesuppe
1 EL Maiskeimöl
Etwas abgeriebene Schale einer Zitrone
150 g Gorgonzola
Salz, Pfeffer

Die Gemüsesuppe aufkochen und die Linsen darin etwa 5–6 Minuten lang kochen. Anschließend die Linsen abseihen, die Suppe dabei in einem separaten Gefäß auffangen. Die Linsen unter kaltem Wasser abschrecken. Die Nudeln in reichlich Salzwasser nach Packungsanleitung bissfest kochen. In der Zwischenzeit die getrockneten Tomaten abtropfen lassen und in feine Scheiben schneiden. Mangold waschen und die Stiele herausschneiden. Die Blätter in fingerbreite Streifen schneiden und die Stiele fein hacken. Das Öl in einem Topf erhitzen, die Zwiebeln, die Mangoldblätter und die gehackten Mangoldstiele unter Rühren darin glasig dünsten. Gepressten Knoblauch, die geschnittenen Tomaten und die Hälfte der Suppe beigeben. Das Ganze kurz aufkochen lassen, die Hitze reduzieren und zugedeckt etwa 5 Minuten köcheln lassen. Die Linsen und die abgeriebene Zitronenschale untermischen. Etwas Suppe dazugeben, den Gorgonzola einrühren, bis er schmilzt, salzen und pfeffern. Die Soße über die Nudeln gießen und servieren.

Spinatrolle

Zutaten: 250 g Blattspinat
1 Packung gekochter Schinken
200 g Frischkäse
4 Eier
Salz, Pfeffer, Muskat

Den Ofen auf 200 °C vorheizen. Die Eier in eine Schüssel schlagen und mit dem Handrührgerät auf höchster Stufe schaumig schlagen. Anschließend den aufgetauten Spinat unterheben. Ein Backblech mit Backpapier auslegen und die Masse gleichmäßig darauf verteilen, in den Ofen schieben und etwa 10 Minuten backen, herausnehmen, abkühlen lassen und die Masse vorsichtig vom Backpapier lösen.
Den Frischkäse gleichmäßig auf dem Teig verstreichen. Mit etwa 6 Scheiben Schinken belegen und vorsichtig einrollen.

Das Ganze etwa 30 Minuten kühl stellen und in Scheiben geschnitten mit einem Knoblauch-Käse-Joghurt-Dip (siehe Seite 160) servieren.

Bohneneintopf mit Gehacktem

Zutaten: 500 g grüne Bohnen
500 g Gehacktes (gemischt)
250 g mehlige Kartoffeln
2 rote Paprika
1 Dose gehackte Tomaten
2 gewürfelte Zwiebeln
2 Knoblauchzehen
250 ml Gemüsesuppe
2–3 EL Maiskeimöl
Salz, Pfeffer, Paprikapulver edelsüß

Die Kartoffeln schälen und in Würfel schneiden. Paprika in feine Streifen zerteilen. Bohnen in ein Sieb gießen, abspülen und abtropfen lassen. Das Öl in einem Topf erhitzen, die Zwiebeln goldgelb anrösten, die gehackten Knoblauchzehen untermischen und das Gehackte anbraten, bis es krümelig ist. Mit Salz, Pfeffer und Paprikapulver würzen und die Suppe aufgießen. Kurz köcheln lassen und dann die gestückelten Tomaten und die Kartoffelwürfel dazugeben. Mit geschlossenem Deckel etwa 10 Minuten köcheln. Anschließend die Bohnen und Paprikastreifen hinzufügen, durchrühren und weitere 10 Minuten köcheln. Mit Fladenbrot servieren.

Bohnen-Carbonara

Zutaten: 1 kg Bohnen
200 g durchwachsenen Speck
250 g Parmesan
2 gewürfelte Zwiebeln
2 Knoblauchzehen
4 Eier
2 Becher Schlagsahne
2 EL Olivenöl
Salz, Pfeffer

Die Bohnen abgießen, abspülen und abtropfen lassen. Den Speck in kleine Würfel schneiden. Das Öl in einem Topf erhitzen und die Speckwürfel anbraten, danach die Zwiebeln hinzugeben und goldgelb anbraten. Knoblauch fein hacken und ebenfalls im Topf rösten, die Bohnen untermischen und einige Minuten auf mittlerer Hitze garen. In der Zwischenzeit den Käse mit den Eiern, der Sahne und den Gewürzen in einem Topf vermengen, auf kleiner Flamme unter ständigem Rühren langsam erhitzen – die Eier sollen nicht stocken –, bis die Soße etwas eindickt. Über die Bohnen gießen und mit Roggenbrot servieren.

Pikante Wurzelgemüsepfanne

Zutaten: 10–12 mittelgroße Kartoffeln (festkochend)
2 Bund Suppengemüse
2 große gewürfelte Zwiebeln
2 Knoblauchzehen
2 EL Meerrettich
1 Packung Frischkäse
250 ml Milch
1 Suppenwürfel
2 EL Olivenöl
Senf
Salz, Pfeffer

Die rohen Kartoffeln schälen und in dünne Scheiben schneiden. Das Suppengemüse waschen und in Streifen schneiden. In einer Pfanne das Öl erhitzen, die Kartoffelscheiben darin anbraten. Anschließend das Gemüse, die Zwiebeln und den gepressten Knoblauch dazugeben, den Suppenwürfel einbröseln und unter Rühren bissfest kochen. Den Meerrettich mit Frischkäse, Senf und Milch vermengen, mit Salz und Pfeffer würzen und über das Gemüse verteilen. Zugedeckt etwa 5 Minuten köcheln lassen.

Gefüllte Tomaten mit Gorgonzola

Zutaten: 8 große Tomaten
150 g Gorgonzola
1 Packung Frischkäse
2 Eier
2 EL Gemüsesuppe
Semmelbrösel
2 EL Olivenöl
Salz, Pfeffer

Backofen auf 180 °C vorheizen. Die Tomaten waschen, die Deckel abschneiden und das Fruchtfleisch mit einem Löffel vorsichtig aushöhlen. Die Eier verquirlen und mit dem Gorgonzola, Frischkäse, Salz und Pfeffer vermengen. Anschließend das Tomatenmark zufügen und verrühren. Die Tomaten mit der Masse füllen und mit Semmelbröseln bestreuen. Etwas Wasser in eine Auflaufform gießen und die Tomaten nebeneinander hineinsetzen. Mit etwas Olivenöl beträufeln und je nach Größe etwa 15–30 Minuten im Ofen backen.

Spinatnudeln mit Käse-Spiegelei

Zutaten: 400 g Nudeln
2 Packungen TK-Blattspinat
4 Scheiben Emmentaler
4 Eier
2 Knoblauchzehen
1 EL Butter
Milch
Salz, Pfeffer, Muskat

Die Nudeln in reichlich Salzwasser bissfest kochen. Spinat laut Packungsanleitung zubereiten und kurz vor Ende der Garzeit etwas Milch zugeben, mit Salz, Pfeffer, Muskat und gepresstem Knoblauch würzen. Anschließend mit den Nudeln vermengen und warm stellen. Butter in einer beschichteten Pfanne zerlassen und die Käsescheiben hineinlegen. Den Käse langsam schmelzen, bis er cremig ist, dann die Eier daraufgeben, salzen und langsam fertig backen. Nudeln, Spinat und das Käse-Spiegelei auf den Tellern servieren.

Spinat mit Bandnudeln und Schinkensoße

Zutaten: 600 g Bandnudeln
300 g TK-Blattspinat
1 Packung gekochter Schinken
1 gewürfelte Zwiebel
1 Becher Schlagsahne
200 ml Milch
100 g Kräuterfrischkäse
Olivenöl
Salz, Pfeffer, Muskat

Die Nudeln in reichlich Salzwasser nach Packungsweisung zubereiten. Olivenöl in einem Topf erhitzen, die Zwiebel anbraten, den Spinat hinzu fügen und auf kleiner Flamme dünsten. Milch, Sahne und Frischkäse zugeben und gut verrühren. Den Schinken in feine Würfel schneiden und in den Topf mischen, mit Salz, Pfeffer und Muskat würzen. Die Nudeln mit der Soße anrichten.

Chinakohl-Kartoffeleintopf

Zutaten: 1 Chinakohl
1 kg festkochende Kartoffeln
500 g Zwiebeln (in schmale Spalten geschnitten)
40 g Butter
2 Becher Schlagsahne
250 ml Gemüsesuppe
1 Bund Schnittlauch
Salz, Pfeffer, Muskat

Die Kartoffeln schälen und in ca. 1 cm große Würfel schneiden. Die Butter in einem Topf erhitzen und die Zwiebel anbraten. Die Kartoffelwürfel dazugeben, kurz rösten, mit der Sahne und der Suppe ablöschen und im geschlossenen Topf etwa 20 Minuten leicht köcheln. Die äußeren Blätter vom Chinakohl entfernen, den Kohlkopf in einzelne Blätter zerteilen, waschen und grob schneiden. Anschließend in den Topf geben und weitere 5 Minuten garen. Den Schnittlauch fein schneiden und die Hälfte davon in den Topf einrühren. Mit Salz, Pfeffer und Muskat abschmecken und mit dem restlichen Schnittlauch bestreut servieren.

Nudelgerichte

Gemüsenudeln

Zutaten: 750 g Bandnudeln
500 g Paprika
500 g Tomaten
1 große gewürfelte Zwiebel
2–3 Knoblauchzehen
Olivenöl
Salz, Pfeffer, Basilikum, Oregano, Petersilie

Die Paprika und Tomaten klein schneiden. Das Öl in einem Topf erhitzen, Tomaten- und Paprikastücke rösten, etwas Wasser und die Zwiebel dazugeben. Unter ständigem Rühren etwa 25 Minuten köcheln lassen, mit Salz, Pfeffer und gepresstem Knoblauch abschmecken. In der Zwischenzeit die Bandnudeln in kochendem Salzwasser gar kochen. Die Nudeln mit dem gekochten Gemüse und mit Parmesan bestreut servieren.

Spiralnudeln mit Karottensugo und Basilikum

Zutaten: 500 g Spiralnudeln
4 Karotten
1 gewürfelte Zwiebel
1 Knoblauchzehe
1 EL Tomatenmark
2 EL Olivenöl
250 ml Gemüsesuppe
100 g frischen Basilikum
50 g Pinienkerne oder Walnüsse
3 EL geriebener Parmesan
125 ml Olivenöl
Salz, Pfeffer

Die Spiralnudeln nach Packungsanleitung kochen. Die Karotten schälen, der Länge nach halbieren und in dünne Stifte schneiden. 2 EL Olivenöl in der Pfanne erhitzen und die Zwiebel darin anschwitzen. Anschließend die Karotten kurz anbraten, das Tomatenmark und die Gemüsesuppe hineingeben und etwa 10 Minuten köcheln lassen. Die Basilikumblätter und die Pinienkerne bzw. Walnüsse in einem Behälter stampfen, mit dem Parmesan und gepressten Knoblauch vermengen und zum Schluss 125 ml Olivenöl einrühren. Die Nudeln mit dem Karottensugo vermischen und mit dem Basilikumpesto servieren.

Nudeln mit Karottenpüree

Zutaten: 500 g Nudeln
1,5 kg frische Karotten
1 l Milch
1–2 Suppenwürfel
Salz, Pfeffer, Petersilie,
Oregano

Die Nudeln nach Packungsanleitung in reichlich Salzwasser kochen. In der Zwischenzeit die Karotten schälen und in dünne Scheiben schneiden, in einen Topf mit Wasser geben und weich kochen. Das gegarte Gemüse abgießen und pürieren. Dabei langsam Milch hinzufügen und mit Salz und Gewürzen abschmecken. Die Nudeln mit dem Karottenpüree und etwas gehackter Petersilie bestreut servieren.

Wurstfleckerl

Zutaten: 500 g Fleckerl
500 g Krakauer oder Bockwurst
1 gewürfelte Zwiebel
3 Eier
2 EL Butter
1 EL Milch
Salz, Pfeffer

Die Eier in eine Schüssel schlagen, Milch dazugeben und mit einer Gabel verquirlen. Die Fleckerl nach Packungsanleitung kochen. Die Wurst in kleine Stücke schneiden und zusammen mit den gewürfelten Zwiebeln in einer mit Butter erhitzten Pfanne langsam anbraten. Die Nudeln hinzugeben und vermengen. Die verquirlten Eier darübergießen und unter ständigem Rühren bei geringer Hitze stocken lassen. Mit Salz und Pfeffer abschmecken und mit grünem Salat servieren.

Vegetarische Spaghetti

Zutaten: 500 g Spaghetti
4 große Tomaten
1 gewürfelte Zwiebel
1 Bund Suppengemüse
1 Knoblauchzehe
2 EL Olivenöl
Salz, Pfeffer, Oregano

Suppengemüse klein schneiden und zusammen mit der gewürfelten Zwiebel in einer mit Öl erhitzten Pfanne anbraten. Die gewürfelten Tomaten hinzugeben, mit Salz, Pfeffer, Oregano und dem gepressten Knoblauch würzen und langsam köcheln lassen. Die Spaghetti kochen und anschließend mit der Gemüsemischung vermengen und servieren.

Gemüsenudeln mit Thunfisch

Zutaten: 400 g Spaghetti
1 Dose Thunfisch (im eigenen Saft eingelegt)
2 Karotten
1 Zucchini
4–5 Tomaten
1 TL Butter
Salz, Pfeffer,
Basilikum
und Oregano

Spaghetti in reichlich Salzwasser bissfest kochen. Karotten und Zucchini waschen und in dünne Streifen schneiden. Die Tomaten waschen und in Würfel schneiden. Butter in einer Pfanne zerlassen, die Karottenstreifen anrösten, danach die Zucchinistreifen hinzugeben und mit etwas Wasser ablöschen. Spaghetti dazugeben und gut vermengen. Anschließend die Tomatenwürfel und die Thunfischstücke hineingeben, salzen, pfeffern und mit frischen Kräutern bestreut servieren.

Schinkennudeln mit Brokkoli

Zutaten: 500 g Nudeln
1 Brokkoli
400 g gekochter Schinken
1 klein geschnittene Zwiebel
3 Knoblauchzehen
100 g geriebener Parmesan
2 Becher saure Sahne
2 EL Olivenöl
Salz, Pfeffer

Brokkoli putzen, klein schneiden und ca. 10–15 Minuten kochen. Die Nudeln in reichlich Salzwasser nach Packungsanleitung kochen. Schinken in feine Streifen schneiden. In einer mit Öl erhitzten Pfanne die Zwiebel und den gepressten Knoblauch goldgelb anrösten. Den Schinken dazugeben und anbraten. Wenn der Schinken knusprig ist, die saure Sahne einrühren und den Parmesan hineinstreuen. Mit Salz und Pfeffer würzen, kurz aufkochen lassen und vom Herd nehmen. Die fertige Soße mit dem Brokkoli über die Nudeln geben und servieren.

Spaghetti alla puttanesca (»Spaghetti nach Hurenart«)

Zutaten: 500 g Spaghetti
6 große Tomaten
200 g schwarze Oliven (kernlos)
1 Dose Sardellenfilets
1 EL Kapern aus dem Glas
2 klein gewürfelte Zwiebeln
6–8 Knoblauchzehen
3–4 EL Olivenöl
1 EL Petersilie
Salz, Pfeffer, Chili

Die Spaghetti nach Packungsanleitung in reichlich Salzwasser gar kochen. In der Zwischenzeit die Zwiebeln in einer Pfanne mit dem Olivenöl langsam braten. Den Knoblauch möglichst feinblättrig schneiden und gemeinsam mit den klein gehackten Kapern zu den Zwiebeln geben und ebenfalls rösten. Die Sardellenfilets in einem Sieb abtropfen lassen und dazugeben. Immer wieder umrühren. Die Tomaten in Würfel schneiden und zügig unterrühren. Die Oliven hinzufügen, mit Chili, Petersilie, Salz und Pfeffer würzen und leise köcheln lassen, bis die Sardellen verkocht sind. Anschließend mit den Spaghetti vermischen und servieren.

Spaghetti mit Spinat

Zutaten: 500 g Spaghetti
2 Packungen TK-Blattspinat
1 Packung Frischkäse
2 Knoblauchzehen
Butter
Salz, Pfeffer, Muskat

Die Spaghetti in reichlich Salzwasser kochen. Blattspinat in einer Pfanne mit erhitzter Butter zubereiten, gepressten Knoblauch hinzugeben und kurz anbraten. Den Frischkäse einrühren, mit Salz, Pfeffer und Muskat abschmecken und mit den Nudeln vermengen.

Spaghetti Carbonara

Zutaten: 750 g Spaghetti
100 g Speckwürfel oder gekochter Schinken
2 Knoblauchzehen
4 Eier
250 g saure Sahne
100 g geriebener Parmesan
1 Bund Schnittlauch
Salz, Pfeffer

Die saure Sahne mit den Eiern, Salz, Pfeffer und dem Parmesan gut verrühren, bis eine cremige Soße entsteht. Die Spaghetti in reichlich kochendem Salzwasser gar kochen. Während die Spaghetti kochen, Speckwürfel in einer großen Pfanne mit zerlassener Butter glasig anbraten, den Schnittlauch hinzufügen. Anschließend den möglichst feinblättrig geschnittenen Knoblauch beigeben und mit Spaghetti gut vermengen. Zum Schluss die Soße darübergießen, nochmals durchmischen und servieren.

Vegane Arrabiata

Zutaten: 500 g Fussili
2 große gewürfelte Zwiebeln
2 Chilischoten
2–3 Knoblauchzehen
2 Dosen gehackte Tomaten
3 EL Olivenöl
Salz, Pfeffer

Nudeln laut Packungsanleitung bissfest kochen. Die Chilischoten putzen und klein hacken. Öl in einer Pfanne erhitzen und die gewürfelten Zwiebeln, Chili und den gepressten Knoblauch anrösten. Die Dosentomaten dazugeben, würzen und etwas köcheln lassen. Die Soße über die Nudeln geben und servieren.

Lachsnudeln

Zutaten: 1 Packung Räucherlachs (etwa 200 g)
500 g Nudeln
1 kleine gewürfelte Zwiebel
1 Rama Cremefine
1 ganze Zitrone
2 EL Olivenöl
1 Packung gemischte TK-Kräuter
Salz, Pfeffer

Räucherlachs in dünne Streifen schneiden. In einer Pfanne das Öl erhitzen und die Zwiebel darin glasig anbraten, dann den Lachs hinzugeben und kurz mit dünsten. Cremefine aufgießen und köcheln lassen. Geriebene Schale und Saft der Zitrone hineingeben, mit Salz, Pfeffer und den Kräutern abschmecken. In der Zwischenzeit die Nudeln in reichlich Salzwasser bissfest kochen und anschließend mit der Lachssoße vermengen und servieren.

Pasta Gorgonzola

Zutaten: 500 g Nudeln
250 g geschnittener Speck
250–300 g Gorgonzola
2 Becher Crème fraîche
2 EL Olivenöl
Salz, Pfeffer, Basilikum, Oregano, Chili

Die Nudeln in reichlich Salzwasser bissfest kochen. In der Zwischenzeit den Speck kleinwürfelig schneiden, das Öl in einer Pfanne erhitzen und den Speck langsam anrösten. Den Käse würfeln und dazugeben, ständig umrühren, bis der Käse zergangen ist. Die Crème fraîche einrühren und ein paar Minuten leise köcheln lassen. Die Pfanne vom Herd nehmen, mit Salz, Pfeffer, Chili und den Kräutern würzen, über die Nudeln gießen und servieren. Dazu passt Eisbergsalat.

Penne all'arrabiata

Zutaten: 500 g Penne
1 kg Tomaten
6–8 Knoblauchzehen
125 ml Olivenöl
2–3 Peperoncini oder Chiliflocken aus der Mühle
Geriebener Hartkäse
Salz, Pfeffer, italienische Kräuter, Petersilie

Penne in reichlich Salzwasser nach Packungsanleitung kochen. Während die Nudeln kochen, Olivenöl in einer Pfanne erhitzen, den fein blättrig geschnittenen Knoblauch gemeinsam mit den zerstoßenen Pepperoncini (oder den Chiliflocken aus der Mühle) anrösten, bis der Knoblauch goldgelb wird. Die geschälten Tomaten schneiden und mit den italienischen Kräutern in die Pfanne geben. Das Ganze etwa 15 Minuten leise köcheln lassen und mit Salz und Pfeffer abschmecken. Die fertigen Nudeln mit der Soße vermengen und mit Petersilie und geriebenem Hartkäse servieren.

Gebratene Putenstreifen auf Spaghetti

Zutaten: 300 g Putenfleisch (im Ganzen)
500 g Spaghetti
1 Bund Suppengemüse
125 ml Olivenöl
Salz, Pfeffer, Ingwer, Basilikum, Oregano, Rosmarin

Das Suppengemüse waschen, in möglichst feine Streifen schneiden und in einer Pfanne mit erhitztem Olivenöl unter ständigem Rühren langsam rösten und würzen. Das Putenfleisch in Streifen schneiden, salzen und pfeffern. In einer zweiten Pfanne etwas Olivenöl erhitzen, die Putenstreifen langsam braten und immer wieder wenden. Die Spaghetti in reichlich kochendem Salzwasser nach Packungsanleitung gar kochen. Zum Schluss die Zutaten in einem großen Topf vermischen und auf Tellern servieren. Dazu passt grüner Salat.

Penne Bolognese

Zutaten: 750 g Penne
500 g Gehacktes (gemischt)
500 g Tomaten
1 mittelgroße Karotte
4–5 Knoblauchzehen
2 klein geschnittene Zwiebeln
1 kleines Glas Rotwein
125 ml Olivenöl
Geriebener Parmesan
Salz, Pfeffer, Basilikum, Oregano

Karotte, Tomaten, Knoblauch und Zwiebeln klein schneiden. In einem großen Topf Olivenöl erhitzen und das Gehackte darin anbraten und immer wieder umrühren, bis kaum noch eine Flüssigkeit zu sehen ist. Anschließend Knoblauch, Zwiebel, Karotte, Tomaten und Rotwein einrühren. Das Ganze etwa 30 Minuten köcheln lassen und zum Schluss mit Basilikum, Oregano, Salz und Pfeffer abschmecken. Die Penne in reichlich kochendem Salzwasser laut Packungsanleitung kochen, auf die Teller verteilen und die Soße darübergießen. Mit Kräutern und Parmesan bestreuen.

Tortelliniauflauf

Zutaten: 750 g Tortellini
250 g Tomaten
2 rote Paprika
1 Ei
250 ml Milch
1 Becher saure Sahne
2–3 klein geschnittene Zwiebeln
250 g geriebener Hartkäse
Olivenöl
2 EL Butter
Salz, Pfeffer, Oregano,
Rosmarin, Basilikum

Die Tortellini in kochendem Salzwasser nach Packungsanleitung gar kochen. Etwas Olivenöl in einer Pfanne erhitzen und die geschnittenen Zwiebeln anbraten, die geschnittenen Paprika dazugeben, mit Salz und Pfeffer würzen und kurz mit rösten. Milch, Eier und saure Sahne in einer Schüssel gut vermengen, die in Stücke geschnittenen Tomaten daruntermischen und ebenfalls mit Salz und Pfeffer würzen. Die Masse in die Pfanne zu den Zwiebeln und Paprika geben und kurz aufkochen. Die fertigen Tortellini in eine mit Butter eingefettete Auflaufform geben und die Soße aus der Pfanne gleichmäßig darüber verteilen. Den geriebenen Käse darüberstreuen und für etwa 20 Minuten bei 200 °C in den vorgeheizten Backofen. Dazu passt grüner Salat.

Hascheehörnchen

Zutaten: 500 g Hörnchennudeln
500 g Gehacktes (gemischt)
2 Stangen Lauch
2 klein geschnittene Zwiebeln
3–4 Knoblauchzehen
3 EL Oliven- oder Sonnenblumenöl
½ Tube Tomatenmark
Salz, Pfeffer, Basilikum, Oregano, Rosmarin

Die Hörnchennudeln in kochendem Salzwasser nach Packungsanleitung gar kochen. Den Lauch putzen und in feine Ringe schneiden. Das Öl in einer Pfanne erhitzen und die geschnittenen Zwiebeln und Knoblauch anbraten. Danach das Gehackte dazugeben und so lange rösten, bis keine Flüssigkeit mehr in der Pfanne ist. Salz, Pfeffer und die Kräuter beigeben, das Tomatenmark unterrühren und den Lauch hinzufügen. Die Nudeln mit dem Gehackten in einem großen Topf vermischen, nochmals kurz erwärmen und servieren. Hierzu passt grüner Salat.

Farfalle mit Tomaten und Gehacktem

Zutaten: 500 g Farfalle
500 g Gehacktes (gemischt)
2 rote Paprika
4 große Tomaten
2 gewürfelte Zwiebeln
2 EL Crème fraîche
3 EL Tomatenmark
1 EL Olivenöl
250 ml Milch
150–250 g geriebener Hartkäse
Salz, Pfeffer, frischer Basilikum

Die Nudeln in reichlich Salzwasser nach Packungsanleitung gar kochen. Tomaten enthäuten und würfelig schneiden. Paprika waschen und würfelig schneiden. Olivenöl in einer Pfanne erhitzen und die Zwiebeln leicht rösten, bis sie etwas Farbe bekommen. Danach das Gehackte dazugeben und rösten. Wenn das Gehackte knusprig geröstet ist, Paprikawürfel und Tomaten einrühren und dünsten. Crème fraîche, Milch und Tomatenmark hinzufügen, mit Basilikum, Salz und Pfeffer würzen und die Nudeln unterheben. Vom Herd nehmen und gut durchmischen. Das Ganze in eine gefettete Auflaufform geben, mit dem Käse gleichmäßig bestreuen und etwa 25 Minuten bei 180 °C im Backofen garen.

Fleckerltopf

Zutaten: 600 g Fleckerl
500 g Speck
1 Knoblauchzehe
2 fein geschnittene Zwiebeln
1 Knoblauchzehe
2 EL Olivenöl
Salz, Pfeffer, Petersilie und Basilikum

Die Fleckerl in reichlich Salzwasser gar kochen. Den Speck in kleine Würfel schneiden. Öl im Topf erhitzen, die Zwiebelwürfel, Speck und gepressten Knoblauch darin anrösten und die Nudeln hinzugeben. Das Ganze gut vermengen und mit Salz, Pfeffer, gehackter Petersilie und gehacktem Basilikum würzen.

Bunte Blechnudeln

Zutaten: 500 g Nudeln
250 g Kirschtomaten
2 Stangen Porree
2 Paprika (gelb und rot)
½ Bund Petersilie
4 Eier
250 g saure Sahne
150 g geriebener Gouda
2 TL Salz, Pfeffer

Die Nudeln in kochendem Salzwasser nach Packungsanleitung kochen. Backofen auf 200 °C vorheizen. Porree putzen und in Ringe schneiden. Kurz vor Ende der Kochzeit der Nudeln ebenfalls in den Topf geben und dann beides abseihen und abtropfen lassen. Tomaten und Paprika in dünne Streifen schneiden. Petersilie waschen und fein hacken. Die Eier mit dem Käse und der sauren Sahne verrühren, mit Salz und Pfeffer würzen. Das Backblech mit einem Bogen Backpapier auslegen. Alle Zutaten in einer großen Schüssel gut vermengen und gleichmäßig auf dem Blech verteilen. Im vorgeheizten Ofen bei 200 °C etwa 30 Minuten backen.

Nudeln mit Bohnensugo

Zutaten: 400 g Nudeln
1 Dose weiße Bohnen
1 Bund Supengemüse
3 Dosen passierte Tomaten
2–3 Knoblauchzehen
250 ml Olivenöl
500 ml Rindssuppe
100 g geriebener Hartkäse
Salz, Pfeffer, Cayennepfeffer, frischer Thymian

Das Suppengemüse fein würfeln. Die Bohnen aus der Dose in ein Sieb geben, abspülen und abtropfen lassen. Das Öl in einem Topf erhitzen und das geschnittene Suppengemüse und den gehackten Knoblauch bei milder Hitze rösten. Mit Rindssuppe und den passierten Tomaten ablöschen. Mit Salz, Pfeffer, gehacktem Thymian und einer Prise Cayennepfeffer würzen und bei leichter Hitze etwa 15 Minuten zugedeckt garen. In der Zwischenzeit in einem zweiten Topf die Nudeln in Salzwasser bissfest kochen. Die Bohnen zur Soße geben und nochmals kurz aufkochen. Anschließend die Nudeln unter die Soße heben und mit geriebenem Käse servieren.

Knödel

Mehlknödel

Zutaten: 500 g Mehl
1 Ei
Mineralwasser spritzig
1 Päckchen Backpulver
1 Prise Salz

Das Mehl in eine Schüssel sieben, Salz und Backpulver unterheben. Ei und einen Schuss Mineralwasser zugeben. Die Masse mit Knethaken verrühren, immer wieder etwas Mineralwasser zugeben, bis ein fester Teig entsteht, aus dem man mit feuchten Händen Knödel formen kann. Wasser in einem großen Topf aufkochen, reichlich salzen, aus der Masse 2–3 längliche Knödel formen und in das kochende Wasser hineinlegen. Bei mittlerer Temperatur etwa 30 Minuten ziehen lassen und anschließend 2–3 Minuten kochen lassen. Jetzt die Knödel herausnehmen und zerteilen.

Mehlknödel eignen sich als Einlage für Eintöpfe, kräftige Suppen und Soßengerichte.

Bayrische Semmelknödel

Zutaten: 6 Semmeln
3 Eier
250 ml lauwarme Milch
1 fein geschnittene Zwiebel
2 fein geschnittene Knoblauchzehen
½ Packung TK-Petersilie
20 g Butter
1 EL Mehl
Salz, Pfeffer, Muskat
Semmelbrösel

Die Semmeln in dünne Scheiben schneiden, in die lauwarme Milch geben und einweichen lassen. Butter langsam in einer Pfanne erhitzen, Zwiebel und Knoblauch leicht rösten, vom Herd nehmen und Petersilie untermischen. Eier, Salz, Pfeffer und Muskat mit den eingeweichten Semmeln vermengen. Anschließend auch die Zutaten aus der Pfanne und das Mehl damit vermischen. Wenn die Masse zu dünn ist, Semmelbrösel hinzugeben. Reichlich Wasser in einem großen Topf aufkochen und salzen, Knödel formen und ins kochende Wasser geben.

Die Hitze zurückdrehen und die Knödel im nicht mehr kochenden Wasser etwa 15 Minuten ziehen lassen. Sobald sie an der Oberfläche schwimmen herausnehmen, und servieren.

Tipp: Bei der Zubereitung von Knödeln eignen sich besonders gut Semmeln, die mindestens vom Vortag sind. Mit feuchten Händen lassen sich die Knödel übrigens besser formen, denn so bleibt weniger Teig an den Händen kleben.

Einlageknödel

Zutaten: 250 g saure Sahne
2 Eier
130 g Semmelbrösel
Salz, Muskat

Die saure Sahne in einer Schüssel mit den Eiern verrühren, mit den Semmelbröseln vermengen und mit Salz und Muskat würzen. Anschließend zudecken und etwa 1 Stunde ruhen lassen. Butter langsam in einer Pfanne zerlassen, aus der Masse kleine Knödel formen und in der heißen Butter anbraten. Die Einlageknödel können in einer Suppe oder in einer Soße serviert werden.

Kartoffelknödel

Zutaten: 2 kg mehlige Kartoffeln
Salz
Wasser

Am Vortag 1 kg Kartoffeln schälen, kochen und durch die Kartoffelpresse drücken. Am nächsten Tag das andere Kilogramm Kartoffeln schälen und fein reiben. Die geriebenen Kartoffeln in einem Tuch fest auswringen und dabei das Kartoffelwasser in einer Schüssel auffangen. Das Wasser ein wenig stehen lassen, bis sich die Stärke absenkt und die Flüssigkeit klar wird. Anschließend das Wasser vorsichtig abgießen, sodass die abgesetzte Stärke am Boden des Behältnisses zurückbleibt. Die Stärke dann zur rohen Kartoffelmasse in eine Schüssel geben, etwas salzen und ein wenig kochendes Wasser aufgießen. Jetzt die gekochten Kartoffeln vom Vortag dazugeben und alles fest durchkneten. Reichlich Wasser in einem Topf aufkochen und salzen. Etwa 12 Knödel formen, möglichst gleichzeitig ins Wasser geben und ca. 15–20 Minuten im köchelnden Wasser ziehen lassen. Wenn die Knödel an der Oberfläche schwimmen, sind sie fertig. Hierzu passen u. a. Fleisch- und Krautgerichte.

Kräuter-Leberknödelsuppe

Zutaten: 1 Semmel
250 g Schweins- oder Kalbsleber
Semmelbrösel
1 Ei
250 ml Milch
50 g Butter
1 fein geschnittene Zwiebel
2 Knoblauchzehen
1 TL gehackte Petersilie
Salz, Pfeffer, Majoran und Thymian

Semmel in der Milch einweichen. Butter erhitzen, die geschnittene Zwiebel hellgelb rösten und vom Herd nehmen. Die Leber in kleine Stücke schneiden, die Semmel aus der Milch heben und ebenfalls zerkleinern. Leber- und Semmelmasse in einer Schüssel mit den Zwiebeln, Eigelb, Kräutern, dem gepressten Knoblauch, Salz und Pfeffer gut vermischen. Anschließend Semmelbrösel einrühren, um dem Teig eine festere Konsistenz zu geben. Eine Stunde ruhen lassen, danach Knödel formen, in kochendes Salzwasser einlegen, Hitze reduzieren und die Knödel im nicht mehr kochenden Wasser 10–15 Minuten ziehen lassen. Die fertigen Knödel in heißer Rindssuppe servieren.

Tiroler Speckknödel in klarer Rindssuppe

Zutaten: 6 Semmeln
150 g geräucherte Braunschweiger Mettwurst
100 g geräucherter Speck
250 ml Milch
2 gewürfelte Zwiebeln
3–4 Eier
1 l Rindssuppe
Butter
1 Bund Petersilie
1 Bund Schnittlauch
Mehl
Salz, Pfeffer, Muskat

Semmeln in Würfel sowie Wurst und Speck klein schneiden. In einer Pfanne die Butter erhitzen und die Zwiebel glasig braten, danach Speck und Wurst dazugeben und rösten. In der Zwischenzeit Eier und Milch verrühren, mit Salz, Pfeffer und Muskat würzen und die Flüssigkeit über die Semmelwürfel gießen, vermengen und ziehen lassen. Jetzt noch die gehackte Petersilie in die Pfanne geben, kurz rösten und die Masse aus der Pfanne in die Knödelmasse einarbeiten. Alles gut vermischen und etwa 20 Minuten ziehen lassen. Wasser in einem großen Topf aufkochen, dann salzen. Während das Wasser zu kochen beginnt, etwas Mehl über die Knödelmasse streuen und anschließend die Knödel formen. Alle Knödel gleichzeitig ins kochende Wasser geben, die Hitze reduzieren und bei kleiner Hitze etwa 20 Minuten leise köcheln lassen. In der Zwischenzeit die klare Rindssuppe (siehe auch Seite 9) erhitzen, die fertigen Knödel aus dem Wasser heben und mit Schnittlauch bestreut in der klaren Rindssuppe servieren.

Gebackene Fleischknödel

Zutaten: 250 Gehacktes (gemischt)
2 Eier
1–2 EL Semmelbrösel
1 TL abgeriebene Schale einer Zitrone
750 ml Rindssuppe
Olivenöl
Salz, Pfeffer, Muskat

Das Gehackte mit der Gabel zerdrücken und mit Salz, Pfeffer, Muskat sowie der Zitronenschale würzen. Eier und Semmelbrösel hinzugeben und die Masse gut durchmischen. Etwa 20 Minuten ruhen lassen. Das Öl in einer Pfanne erhitzen, aus der Masse Knödel formen und im erhitzten Öl langsam anbraten. Die Rindssuppe erwärmen, Knödel aus der Pfanne nehmen und anschließend in der heißen Suppe etwa 10 Minuten ziehen lassen.

Tiroler Kasknödelsuppe

Die Zubereitung des Teigs erfolgt wie bei den Tiroler Speckknödeln (siehe Seite 97).

Anstelle von Speck und Wurst gibt man jedoch würzigen klein gewürfelten Käse (z. B. Appenzeller, Bergkäse, Höhlenkäse) in den Teig. Aus der Masse werden flache Laibchen geformt und in heißer Butter gebraten. Anschließend in Rindssuppe servieren.

Roggenbrotknödel

Zutaten: 160 g Roggenbrot
40 g Lauch
1 Eigelb
1 Ei
1 EL Olivenöl
60 g Butter
1 EL gehackte Petersilie
Salz, Pfeffer

Roggenbrot möglichst klein und den Lauch in feine Ringe schneiden. Öl in einer Pfanne erhitzen, den Lauch darin andünsten und vom Herd nehmen. Butter in einer Schüssel schaumig rühren, 1 Eigelb und 1 Ei langsam hineingeben, Lauch und Gewürze hinzufügen. Das Roggenbrot mit der Masse vermengen und etwa eine Stunde ruhen lassen. Die Knödel formen, in reichlich kochendes Salzwasser legen, darin 10–12 Minuten kochen lassen und in klarer Suppe servieren.

Serviettenknödel

Zutaten: 500 g Semmelwürfel
2 große gewürfelte Zwiebeln
100 g Mehl
125 ml Milch
3 Eier
100 g Butter
Salz, Pfeffer, Muskat, Petersilie

Semmelwürfel mit der Hälfte des Mehls in einer Schüssel vermischen. Milch mit den Eiern vermengen. Zwiebeln in einer Pfanne mit zerlassener Butter goldgelb anbraten, dann die Petersilie dazugeben und kurz rösten. Zusammen mit der Milch-Ei-Flüssigkeit über die Semmelwürfel gießen und gut durchrühren, bis eine feuchte Semmelmasse entsteht. Das Ganze etwa 30 Minuten ruhen lassen. Währenddessen einen großen Topf bis zur Hälfte mit Wasser füllen, aufkochen und salzen. 2 Geschirrtücher nass machen, auswringen und auf die Arbeitsfläche legen. In jedes Geschirrtuch nun jeweils die Hälfte des Teigs auf das obere Drittel legen, eine Rolle formen und fest in das Tuch einrollen.

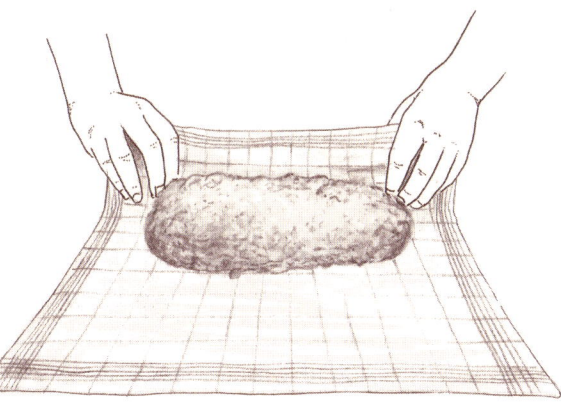

Die Enden mit Kordel fest zusammenbinden und ins kochende Wasser legen.

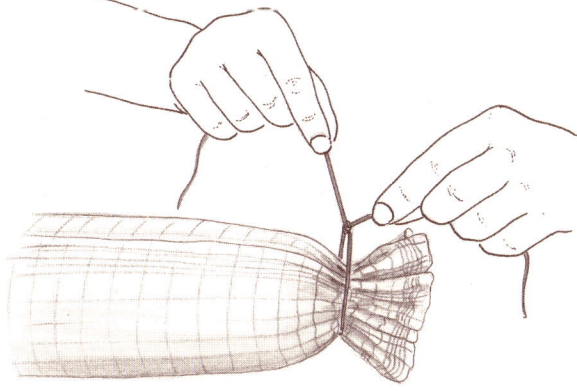

99

Hitze reduzieren und etwa 45 Minuten leicht köcheln lassen, dabei die Knödel immer wieder drehen, sodass sie von allen Seiten gleichmäßig garen. Die Knödel aus dem Wasser nehmen, kurz abtropfen lassen und vorsichtig auspacken. In Scheiben schneiden und als Beilage servieren.

Böhmische Knödel

Zutaten: 2 Semmeln
200 g Gries
200 g Mehl
250 ml lauwarme Milch
2 Eier
1 Würfel Hefe oder 1 Päckchen Fertighefe
Salz, Muskat

Semmeln würfelig schneiden. Alle restlichen Zutaten in einer Schüssel verrühren, den Hefewürfel dabei einbröseln und zuletzt die gewürfelten Semmeln dazugeben. Gut durchmischen und ca. 1 Stunde zugedeckt gehen lassen. Wasser in einem Topf aufkochen und salzen. Aus der Masse einen länglichen Knödel formen und etwa 40 Minuten köcheln lassen. Hierzu schmecken sowohl deftige Fleischgerichte als auch süße Varianten, wie z. B. mit Zwetschgen oder Vanillesoße.

Knödeltaler mit Schinkensoße

Zutaten: 8 Scheiben Servietten- oder Semmelknödel
200 g gekochter Schinken
100 g Schmelzkäse
1–2 fein geschnittene Zwiebeln
1 Bund Schnittlauch
250 ml Gemüsesuppe
Butter
Salz, Pfeffer

Schinken in dünne Streifen schneiden. Die Butter in einem Topf erhitzen, die Zwiebeln goldgelb anrösten, anschließend den Schinken dazugeben und anbraten. Mit Salz und Pfeffer würzen und die Suppe aufgießen.

Den Schmelzkäse einrühren und bei kleiner Hitze zergehen lassen. Butter in einer Pfanne zerlassen und die in Scheiben geschnittenen Knödel beidseitig leicht braun anbraten. Knödel und Soße auf Tellern anrichten und mit Schnittlauch bestreut servieren.

Falsches Cordon bleu

Zutaten: 1 Packung Kartoffelknödelteig (halb & halb)
8 Scheiben gekochter Schinken
4 Scheiben Emmentaler
4 Eigelbe
2 Eier
Mehl, Semmelbrösel
Butter zum Anbraten
Salz, Pfeffer, Petersilie

Knödelteig und die Eigelbe in eine Schüssel geben, würzen und durchkneten. Nun den Teig in 8 Stücke teilen. Die Teigteile mit der Hand flach drücken oder mit dem Nudelholz ausrollen. Auf 4 der Teile in die Mitte 1 Scheibe Schinken, 1 Scheibe Käse und wieder 1 Scheibe Schinken legen. Nun mit den übrigen 4 Teigteilen bedecken und die Ränder leicht zusammendrücken. Vorsichtig in Mehl wenden, durch das verquirlte Ei ziehen und in den Semmelbröseln vorsichtig wenden. In einer Pfanne die Butter erhitzen und bei nicht allzu großer Hitze beidseitig goldgelb anbraten. Hierzu passt grüner Salat.

Sauerkraut-Knödelauflauf

Zutaten: 500 g Sauerkraut
8 Knödel (z. B. Semmel- oder Kartoffelknödel)
3 in Ringe geschnittene Zwiebeln
2 Eier
1 Becher Crème fraîche
100 ml Milch
1 Tasse Gemüsesuppe
Butter
Salz, Zucker, Pfeffer, Paprikapulver edelsüß

Sauerkraut in einem Topf mit der Suppe aufkochen. Mit etwas Salz und Zucker würzen, unter Rühren etwa 10 Minuten köcheln lassen und anschließend abgießen. Zwiebeln in einer Pfanne mit erhitzter Butter goldgelb anbraten. Die Eier mit Crème fraîche, Milch, Paprikapulver, Salz und Pfeffer verquirlen. Eine Auflaufform einfetten, das Sauerkraut gleichmäßig einfüllen, die in Scheiben geschnittenen Knödel darauflegen und mit der Eier-Milchmischung übergießen. Im Ofen bei 180 °C ca. 30 Minuten backen, bis die Eimasse goldgelb und knusprig ist.

Bärlauchknödel

Zutaten: 4 Semmeln
80 g Bärlauch
1 gewürfelte Zwiebel
2 EL Butter
2 Eier
120 ml Milch
Salz, Pfeffer, Muskat

Semmeln in kleine Würfel schneiden und in eine Schale geben. Bärlauch waschen, trocknen und ohne die Stiele klein schneiden. Butter in einer Pfanne erhitzen und die Zwiebel glasig dünsten. Milch mit den Eiern verrühren. Zwiebel, Eiermilch und Bärlauch über die Semmelwürfel gießen, mit Salz, Pfeffer und Muskat würzen und mit etwas Mehl gut durchmischen. Etwa 10–15 Minuten stehen lassen. Wasser in einem großen Topf aufkochen und salzen, Knödel formen und ins kochende Salzwasser geben. Die Temperatur zurückdrehen und ca. 20 Minuten köcheln lassen. Wenn die Knödel an der Oberfläche schwimmen, mit dem Schaumlöffel herausnehmen und servieren.

Tipp: Der Knödelteig sollte nicht zu weich sein, da er sonst im Wasser zerfällt. Daher ist es ratsam zunächst einen Probeknödel zu garen, um gegebenenfalls den Teig etwas dicker zu machen.

Speck-Griesknödel

Zutaten: 2–3 Semmeln
250 g Gries
250 g Schinkenspeck
500 ml Rindssuppe
3 Eier
3 Knoblauchzehen
2 EL Mehl
Salz, Pfeffer, Petersilie

Gries in eine Schüssel geben, mit der kochenden Rindssuppe aufgießen, gut durchrühren und etwa 5 Minuten ziehen lassen. Schinkenspeck fein würfelig schneiden und mit den Eiern, der gehackten Petersilie, Knoblauch, gewürfelten Semmeln, Salz, Pfeffer und Mehl gut vermischen. Alles gründlich unter den Gries rühren und etwa 15 Minuten ziehen lassen. Reichlich Wasser aufkochen, salzen, ca. 10 Knödel formen und ins kochende Wasser legen. Hitze reduzieren und etwa 15 Minuten köcheln lassen. Dazu passt eine Schnittlauch-, Dill- oder Käsesoße.

Reisgerichte

Grundrezept Risotto

Zutaten: 400 g Risottoreis
1 fein geschnittene Zwiebel
1 l Gemüsesuppe
250 ml Weißwein
100 g Butter
Salz, Pfeffer

50 g Butter in einem Topf erhitzen und die Zwiebel darin glasig dünsten. Den Reis langsam hineingeben und kurz anbraten. Mit dem Weißwein ablöschen, danach die Suppe zugeben und unter Rühren langsam einkochen lassen. Mit Salz und Pfeffer abschmecken und kurz vor dem Garende die restlichen 50 g Butter einrühren.

Gemüserisotto

Zutaten: 300 g Risottoreis
500 g gemischtes TK-Gemüse
1 gewürfelte Zwiebel
1 l Gemüsesuppe
4 EL Olivenöl
1 TL Butter
5 EL geriebener Parmesan
Salz, Pfeffer

Das TK-Gemüse auftauen. Olivenöl in einem Topf erhitzen und die Zwiebel darin glasig anbraten. Den Reis einrühren und 2–3 Minuten anbraten, danach mit 250 ml Suppe ablöschen und unter Rühren köcheln lassen, bis die Suppe fast verdampft ist, anschließend nochmals 250 ml Suppe einrühren und erneut köcheln lassen, bis die Flüssigkeit fast verdampft ist. Das angetaute TK-Gemüse dazugeben, die restliche Suppe aufgießen und langsam köcheln lassen. Wenn der Reis gar ist, mit Salz und Pfeffer abschmecken und mit Parmesan bestreut servieren.

Wokgemüse mit Reis

Zutaten: 3 Tassen Reis
250 g Cocktailtomaten
2 Karotten
2 gelbe Paprika
1 mittelgroße Salatgurke
1 Bund Frühlingszwiebel
2 Knoblauchzehen
1 Ingwerwurzel
3 EL Sonnenblumenöl
Salz, Pfeffer,
1–2 EL Sojasoße

Reis im Salzwasser aufkochen, zugedeckt köcheln lassen, bis das Wasser verkocht ist, vom Herd nehmen und mit geschlossenem Deckel 15–20 Minuten stehen lassen. Cocktailtomaten waschen und halbieren. Karotten putzen und in feine Streifen schneiden. Paprika und Gurke ebenfalls in feine Streifen schneiden. Ingwer reiben. Öl im Wok erhitzen, Knoblauch und Ingwer kurz anrösten, danach Paprika und Karotten beifügen und 5 Minuten garen. Sojasoße unterrühren und nach 3–4 Minuten die Gurkenscheiben und Frühlingszwiebel einrühren. Mit Salz und Pfeffer abschmecken und zusammen mit dem Reis auf Tellern anrichten.

Tipp: Faustregel für der Zubereitung von Reis, wenn nicht anders auf der Verpackung angegeben: Das Mengenverhältnis von Reis und Wasser beträgt 1 zu 1,5.

Überbackene Reislaibchen

Zutaten: 300 g Langkornreis
4 kleine Tomaten
120 g Mozzarella
2 Eier
160 g Mehl
Salz, Pfeffer, Thymian,
Rosmarin, Petersilie
Butter

Reis zubereiten. Tomaten in Scheiben schneiden und Mozzarella grob raspeln. Wenn der Reis gar ist, in eine Schüssel geben und mit Mehl, Eiern, Salz, Pfeffer und den Kräutern vermengen. Butter in einer Pfanne erhitzen. Aus der Masse 10–12 Laibchen formen und in der heißen Butter beidseitig leicht braten. Den Ofen auf 180 °C vorheizen, die fertigen Laibchen auf ein Backblech legen, Tomatenscheiben daraufgeben, mit Mozzarella bestreuen und im Ofen goldbraun überbacken.

Dazu passt ein Dip: 1 großen Becher Naturjoghurt mit Senf, frischem Schnittlauch, Salz, Pfeffer und etwas Chili vermischen.

Plov

Zutaten: 750 g Schweinefleisch oder Huhn
750 g Karotten
750 g Reis
2 gewürfelte Zwiebeln
1 Knoblauchzehe
125 ml Maiskeimöl
Salz, Pfeffer, Paprikapulver edelsüß

Das Fleisch in kleine Stücke schneiden. Karotten putzen und kleinwürfelig schneiden. Öl in einem großen Topf erhitzen und das Fleisch kräftig von allen Seiten anbraten. Die gewürfelten Zwiebeln und Karotten dazugeben und ebenfalls anbraten, mit den Gewürzen abschmecken, Reis und die ganze Knoblauchzehe hinzugeben und kräftig durchrühren. Anschließend das Wasser aufgießen, aufkochen lassen und dann auf kleinster Flamme so lange köcheln lassen, bis das Wasser verkocht und der Reis bissfest ist.

Gemüse-Reispfanne

Zutaten: 3 Tassen Reis
2 Karotten
2 Paprika (gelb und rot)
200 g Chinakohl
1 kleine Dose Erbsen
100 g Sojasprossen
1 Chilischote
1 gewürfelte Zwiebel
3 Knoblauchzehen
150 ml Sojasoße
10 EL Tomatenmark
6 EL Olivenöl

Reis im Wasser aufkochen, salzen und zugedeckt auf kleinster Flamme köcheln lassen, bis die Flüssigkeit verkocht ist. Danach vom Herd nehmen und zugedeckt mindestens 10 Minuten stehen lassen. Karotten waschen und in feine Streifen schneiden, Paprika würfelig schneiden. Öl in einem großem Topf (oder Wok) erhitzen und Knoblauch, Zwiebel, Chili, Karotten und Paprika darin ca. 5 Minuten andünsten. Sojasoße und Tomatenmark unterrühren und etwa 10 Minuten zugedeckt garen lassen. Danach den fertigen Reis zugeben und vermengen.

Mexikanische Reispfanne

Zutaten: 250 g Langkornreis
2 Paprika (gelb und rot)
1 frische grüne Chilischote
1 kleine Dose Mais
1 große gewürfelte Zwiebel
2 EL Maiskeimöl
2 EL Butter
Salz, Pfeffer

Öl in einem Topf erhitzen und den Reis unter ständigem Rühren kurz anbraten, Wasser aufgießen und zugedeckt köcheln lassen, bis der Reis die Flüssigkeit aufgenommen hat und weich ist. Den Topf vom Herd nehmen und etwa 10 Minuten zugedeckt ruhen lassen. Währenddessen Paprika und Chili in feine Würfel schneiden. Zwiebel in zerlassener Butter goldgelb anbraten, Paprika und Chili dazugeben und rösten. Anschließend den Mais einrühren, mit Salz und Pfeffer abschmecken und 5 Minuten köcheln lassen. Gemüse und Reis gut vermischen und servieren.

Tomaten-Reispfanne

Zutaten: 2 Tassen Langkornreis
8–10 Tomaten
1 gewürfelte Zwiebel
1 Becher Schlagsahne
2 EL Olivenöl
2 Suppenwürfel
Salz, Pfeffer, italienische Kräuter

Reis im Wasser mit den Suppenwürfeln zugedeckt kochen. Die Tomaten in Würfel schneiden. Öl in einer Pfanne erhitzen und die Zwiebel darin goldgelb anrösten. Die Tomatenstücke dazugeben und leise köcheln lassen. Sobald der Reis das gesamte Wasser aufgesogen hat, die Sahne und die gehackten Kräuter beigeben, durchrühren und etwa 1 Minute kochen lassen. Anschließend die Tomaten-Zwiebelmasse unterrühren und kräftig würzen.

Reisbällchen mit Tomatensoße

Zutaten: 200 g Reis
500 ml Wasser
500 g große Tomaten
50 g geriebener Gouda
1 Bund Frühlingszwiebeln
2 Eier
80 g Semmelbrösel
2 EL Margarine
2 EL Sonnenblumenöl
1 Knoblauchzehe
Salz, Pfeffer, Thymian

Reis im Salzwasser aufkochen lassen, zudecken und auf kleiner Flamme köcheln, bis die Flüssigkeit verkocht und der Reis weich ist. Vom Herd nehmen und Reis zugedeckt etwa 10 Minuten ziehen lassen, danach ohne Deckel abkühlen lassen. Den abgekühlten Reis zusammen mit den Semmelbröseln, Eiern, Käse und fein gehacktem Thymian vermengen und ca. 12 Bällchen formen. Die Margarine in einer Pfanne erhitzen und die Reisbällchen darin von allen Seiten goldgelb anbraten, herausnehmen und warm stellen. Die Frühlingszwiebel in dünne Ringe schneiden und in dem erhitzten Öl leicht dünsten. Die Tomaten in Würfel schneiden, zu den Frühlingszwiebeln geben und einkochen. Mit Salz, Pfeffer, Thymian und Knoblauch abschmecken und die Reisbällchen mit der Soße servieren.

Deftiger Reistopf

Zutaten: 400 g Reis
250 g Gehacktes (gemischt)
2 Knoblauchwürste
2 klein geschnittene Zwiebeln
2 EL Butter
1 l Gemüsesuppe
Pinienkerne
Salz, Pfeffer, Paprika edelsüß, Curry und Chilipulver

Die Wurst häuten, der Länge nach halbieren und in feine Scheiben schneiden. Butter in einem großen Topf zerlassen und die Zwiebelwürfel darin anrösten, bis die Zwiebel leicht goldbraun wird. Das Gehackte zugeben und scharf rösten. Anschließend die Wurstscheiben braten. Jetzt den Reis unterheben und die Suppe aufgießen. Mit den Gewürzen abschmecken und kurz aufkochen lassen. Hitze reduzieren und zugedeckt auf kleinster Flamme etwa 15 Minuten köcheln, bis der Reis bissfest ist.

Reisfleisch

Zutaten: 500 g Reis
700 g geschnittenes Schweinefleisch
2 gewürfelte Zwiebeln
3–4 Suppenwürfel
Rapsöl
Salz, Pfeffer, 3 EL Paprikapulver edelsüß

In einem Topf mit erhitztem Öl die Zwiebel goldgelb rösten. Anschließend das Fleisch dazugeben und scharf anbraten, bis das Fleisch knusprig braun wird. Das Paprikapulver einrühren und sofort den Reis zugeben, gut durchrühren, kurz rösten und Wasser aufgießen. Salzen, pfeffern und die Suppenwürfel einstreuen. Zugedeckt auf kleinster Stufe köcheln lassen, bis das Wasser verdunstet ist, danach vom Herd nehmen und etwa 20 Minuten zugedeckt stehen lassen. Durchrühren und mit Parmesan bestreut und grünem Salat servieren.

Risipisi mit Hühnerfleisch

Zutaten: 2 Tassen Reis
500 g Hühnerfleisch
300 g TK-Erbsen
1 klein geschnittene Zwiebel
2 EL Olivenöl
Salz, Pfeffer

Hühnerfleisch putzen und in Würfel schneiden. Reis im Wasser aufkochen. Wenn der Reis kocht, mit geschlossenem Deckel auf kleiner Flamme köcheln lassen. Olivenöl in einem Topf erhitzen, die Zwiebel glasig rösten und das Hühnerfleisch darin anbraten. Die TK-Erbsen in einem Topf mit kochendem Wasser kurz ankochen, anschließend mit dem fertigen Reis zum Hühnerfleisch geben. Alles nochmals erhitzen, kräftig durchrühren und mit Salz und Pfeffer abschmecken.

Brennnesselrisotto

Zutaten: 2 Tassen Rundkornreis
½ Tasse Weißwein
1 große Handvoll
Brennnesselblätter
2 Karotten
1 gewürfelte Zwiebel
4 Tassen Wasser
2 EL Olivenöl
Saft einer halben Zitrone
4 EL geriebener Parmesan
Salz, Pfeffer

Brennnesselblätter fein zerteilen. Die Karotten putzen und in feine Scheiben schneiden. Olivenöl in einem Topf erhitzen, Karotten kurz anrösten, dann die Zwiebel und den Reis dazugeben und ebenfalls kurz anbraten. Heißes Wasser aufgießen, mit Salz und Pfeffer würzen und unter ständigem Rühren weiterkochen. Immer wieder etwas Flüssigkeit nachgießen. Nach etwa 10 Minuten den Weißwein und den Zitronensaft zugeben und mit geschlossenem Deckel auf kleiner Flamme etwa 10 Minuten köcheln. Zum Schluss die Brennnesselblätter unterrühren und mit Parmesan bestreut servieren.

Fischrisotto

Zutaten: 4 TK-Fischfilets
2 Tassen Risottoreis
1 grüne Paprika
2 Karotten
1 kleine Dose Erbsen
1 kleine Dose Mais
4 Knoblauchzehen
1 klein geschnittene Zwiebel
1 TL Currypulver
250 ml Wasser
3 EL Olivenöl
Salz, Pfeffer, Rosmarin

Fisch, Karotten und Paprika in kleine Würfel schneiden. Reis im Wasser mit Currypulver kochen. Öl in eine Pfanne geben, zuerst den Fisch, danach die Zwiebel und 1 ganze Knoblauchzehe anrösten, bis die Zwiebel glasig ist, dann die Knoblauchzehe herausnehmen. Die Hitze reduzieren, Mais, Karotten und Erbsen dazugeben, etwa 250 ml Wasser aufgießen und köcheln lassen, bis die Karotten bissfest sind. Die übrigen drei gehackten Knoblauchzehen hinzugeben, kurz dünsten und alles unter den Reis mischen. Mit Salz, Pfeffer und Rosmarin abschmecken und zum Servieren die gehackten Paprikastücke untermengen.

Thunfisch-Reispfanne

Zutaten: 600 g Langkornreis
2 Dosen Thunfisch (im eigenen Saft)
2 in Streifen geschnittene Zwiebeln
5–6 kleine scharfe getrocknete Pfefferoni
2 EL Olivenöl
Salz, Saft einer Zitrone

Den Boden eines großen Topfes dünn mit Öl ausstreichen, erhitzen und die Pfefferoni darin kurz anbraten. Anschließend die Zwiebeln goldgelb rösten und den Reis hinzugeben. Nach kurzem Vermengen das Wasser aufgießen, salzen und kochen lassen. Kurz bevor der Reis fertig ist, den Thunfisch aus den Dosen nehmen und in einem Sieb abtropfen lassen, anschließend unter den Reis mischen und mit einem Spritzer Zitrone servieren.

Aufläufe und Ofengerichte

Nudel-Würstchenauflauf

Zutaten: 500 g Nudeln
8 Frankfurter Würstchen
200 g geriebener Gouda
1 Becher Crème fraîche
5–6 EL Tomatenmark
Salz, Pfeffer, Paprikapulver scharf, italienische Kräuter

Die Nudeln nach Packungsanleitung in reichlich Salzwasser kochen. In der Zwischenzeit die Frankfurter Würstchen in dünne Scheiben schneiden. Die Crème fraîche mit dem Tomatenmark und den Gewürzen gut vermengen. Die abgetropften Nudeln mit der Soße und den Würstchen vermischen und in eine eingefettete Auflaufform geben. Gleichmäßig mit dem Käse bestreuen und ca. 25 Minuten bei 180 °C im Ofen backen. Dazu schmeckt frischer Salat.

Spinatlasagne

Zutaten: 2 Packungen TK-Blattspinat
1 Packung Lasagneblätter
250 g Butter
500 ml Milch
5 EL Mehl
1 Packung geriebener Emmentaler
Salz, Pfeffer, Muskat, Chili

Spinat nach Packungsanleitung auftauen, zubereiten und mit Salz, Pfeffer, Muskat und Chili würzen. In der Zwischenzeit die Béchamelsoße zubereiten: Hierfür Butter in einem Topf erhitzen, das Mehl einrühren und langsam die Milch hineingießen, bis eine dicke weiße Soße entsteht. Anschließend etwas abkühlen lassen. Eine Auflaufform mit Butter einfetten. Als unterste Schicht etwas von der Béchamelsoße, darauf eine Schicht Lasagneblätter legen, Spinat darauf verteilen und mit einer Schicht Lasagneblätter abdecken. Den Vorgang in dieser Reihenfolge so lange wiederholen, bis die Zutaten aufgebraucht ist. Die letzte Schicht sollte Béchamelsoße sein, auf der der Käse verstreut wird. Das Ganze für etwa 30 Minuten in den auf 180 °C vorgeheizten Backofen.

Vegetarischer Nudelauflauf mit Tomatensahnesoße

Zutaten: 500 g Nudeln
4–6 Tomaten
1 Tube Tomatenmark
5 Knoblauchzehen
250 g saure Sahne
250 g geriebener Emmentaler
100 ml Olivenöl
Butter
Salz, Pfeffer, italienische Kräutermischung

Nudeln in reichlich Salzwasser nach Packungsanleitung kochen. Für die Soße das Olivenöl, eine Tube Tomatenmark und Kräuter miteinander vermengen, die saure Sahne einrühren, mit Salz und Pfeffer abschmecken und den gepressten Knoblauch hinzugeben. Nudeln mit der Masse gut vermischen. Eine große Auflaufform mit etwas Butter einfetten und mit Semmelbröseln ausstreuen. Die Masse einfüllen, glatt streichen und mit etwa 1/3 der Käsemenge bestreuen. Jetzt die gewaschenen Tomaten in Scheiben schneiden und auf dem Auflauf verteilen, den restlichen Käse darüberstreuen und im Ofen etwa 30 Minuten bei 180 °C backen, bis der Käse zerlaufen ist und leicht braun wird.

Spaghettiauflauf

Zutaten: 500 g Spaghetti
400 g TK-Erbsen
200 g gekochter Schinken
200 ml Milch
200 ml Schlagsahne
4 Eier
1 fein geschnittene Zwiebel
2 Knoblauchzehen
1 EL Olivenöl
Salz, Pfeffer, Parmesan, Schnittlauch

Backofen auf 180 °C vorheizen; Spaghetti in reichlich Salzwasser bissfest kochen. Die Erbsen zum Auftauen herausstellen. Schnittlauch in feine Röllchen schneiden. Zwiebel und Knoblauch schälen und fein schneiden. Öl in einer Pfanne erhitzen, die Zwiebel und den Knoblauch langsam anbraten. Die Erbsen dazugeben und beides etwa 5–10 Minuten garen lassen. Eine Auflaufform einfetten. Den Schinken in dünne Streifen schneiden, mit den Nudeln, Erbsen und Schnittlauch vermischen und in die Auflaufform geben. Eier, Milch und Sahne in einer Schüssel gut verquirlen, den Parmesan einrühren und mit Salz und Pfeffer würzen. Die Mischung gleichmäßig über die Nudelmasse verteilen und für etwa 20 Minuten im Ofen überbacken.

Bratwurst-Cannelloni

Zutaten: 8 Bratwürste
8 Lasagneplatten
1 Glas Pastasoße
100 g geriebener Mozzarella
500 ml Béchamelsoße
200 g geriebener Parmesan

Den Backofen auf 190 °C vorheizen. Die Lasagneblätter in kochendem Salzwasser *al dente* kochen. Die Bratwürste in einer beschichteten Pfanne von allen Seiten kräftig anbraten. Die gekochten Lasagneblätter nebeneinander auf eine Arbeitsfläche legen und jeweils einen Löffel Pastasoße auf den Lasagneblättern verteilen, eine Bratwurst drauflegen und einrollen. Die restliche Soße in eine Auflaufform geben und die Bratwurst-Cannelloni einlegen. Mozzarella auf den Cannelloni verteilen, die Béchamelsoße gleichmäßig darüber gießen. Mit dem Parmesan bestreuen und für etwa 40 Minuten bei 190 °C in den Backofen, bis die Soße Farbe bekommt und Blasen wirft.

Puten-Brokkoliauflauf

Zutaten: 800 g festkochende Kartoffeln
300 g Putenfleisch
300 g Brokkoli
5–6 EL Olivenöl
4 Frühlingszwiebeln
1 Packung Joghurtdressing
Salz, Oregano

Backofen auf 220 °C vorheizen. Die Kartoffeln waschen, schälen und in dünne Scheiben schneiden. Das Fleisch waschen, in Streifen schneiden, mit Salz und etwas getrocknetem Oregano würzen. Brokkoli ebenfalls waschen, zerteilen und in kochendem Salzwasser blanchieren. Danach abgießen und abtropfen lassen. Das Putenfleisch in Streifen schneiden und in einer Pfanne kurz scharf anbraten. Kartoffeln, Brokkoli und das Fleisch in einer Schüssel mit dem Öl und 5 EL Dressing vermengen. Ein Backblech mit Backpapier auslegen, die Mischung darauf verteilen und ca. 30 Minuten lang backen. Das fertig gebackene Gemüse aus dem Ofen nehmen und mit dem restlichen Dressing vermischen. Die in Ringe geschnittenen Frühlingszwiebeln darauf verteilen.

Blumenkohlauflauf

Zutaten: 1 Blumenkohl
6 festkochende Kartoffeln
2 Packungen gekochter Schinken
2 EL Butter
250 g geschnittener Emmentaler
2 gehäufte EL Mehl
1 Handvoll Semmelbrösel
Salz, Pfeffer, Muskat, Curry

Den Blumenkohl in einzelne Röschen teilen, waschen und kurz in leicht gesalzenem Wasser kochen, sodass er nicht zu weich wird. Anschließend den

Blumenkohl abgießen, jedoch das Kochwasser in einem zweiten Topf auffangen und zur Seite stellen. Die Kartoffeln schälen, vierteln und ebenfalls in Salzwasser weich kochen. Danach abgießen und mit dem gewürfelten Schinken und dem Blumenkohl vermengen. Die Backform mit Butter einfetten, mit Bröseln stauben und die vermischten Zutaten einfüllen. 2 EL Butter in einem kleinen Topf zerlassen und 2–3 EL Mehl darin hell anschwitzen. Etwa 500 ml Kochwasser vom Blumenkohl aufgießen und langsam unter ständigem Rühren mit dem Schneebesen aufkochen. Mit Salz, frisch gemahlenem Pfeffer, Muskat und einer Prise Curry würzen und etwa 3 Minuten ohne Deckel köcheln lassen. Danach gleichmäßig über den Auflauf gießen, mit dem Emmentaler belegen und im vorgeheizten Ofen bei 200 °C etwa 20 Minuten backen, bis der Käse zerlaufen und leicht gebräunt ist.

Kartoffelspalten mit scharfem Tomatengemüse

Zutaten: 1 kg festkochende Kartoffeln
4 EL Olivenöl
Salz, Pfeffer

Für das Tomatengemüse:

1 kg Tomaten
2 grob gestückelte Zwiebeln
3–4 Knoblauchzehen
2 Chilischoten
3 EL Tomatenmark
3 EL Olivenöl
1 Prise Zucker
2 TL Paprikapulver scharf
3–4 gehackte Basilikumblätter
Salz, Pfeffer

Die Kartoffeln waschen und ungeschält in möglichst gleich große Spalten schneiden. In einer Schüssel mit dem Olivenöl, reichlich Salz und Pfeffer gut durchmischen. Auf ein Backblech legen und bei 200 °C im Ofen etwa 25 Minuten goldgelb braten. Die Kartoffeln hin und wieder wenden.

Die Tomaten waschen und vierteln. Olivenöl in einer Pfanne erhitzen und die Zwiebel langsam glasig rösten. Dann die geschnittenen Tomaten dazugeben und ca. 5 Minuten leicht schmoren. Die Chilischoten der Länge nach halbieren, entkernen und in dünne Streifen schneiden. Knoblauchzehen schälen und fein schneiden. Die Gewürze, Knoblauch, Chili und das Tomatenmark unterrühren, salzen und pfeffern und nochmals etwa 5 Minuten köcheln. Das Gemüse sollte noch bissfest sein. Das Tomatengemüse in tiefen Tellern anrichten und in die Mitte die Kartoffelspalten setzen. Mit frischen Basilikumblättern dekoriert servieren.

Zwiebelkuchen mit Speck

Zutaten: 200 g durchzogener Speck
5 gewürfelte Zwiebeln
1 Ei
125 ml Wasser
300 g Mehl
1 Becher Schlagsahne
4 EL Pflanzenöl
Salz, Pfeffer

Speck in kleine Würfel schneiden. Mehl, Ei, Wasser und Salz in einer Schüssel zu einem Teig kneten. Teig dünn ausrollen und in die Auflaufform geben. Es sollte ein Rand stehen bleiben. Auf den Teig die Zwiebel und den Speck gleichmäßig verteilen. Die Sahne darübergießen und gleichmäßig verstreichen. Im Ofen bei 220 °C ca. 25–30 Minuten backen, bis die Zwiebeln an den Rändern krustig werden.

Gefüllte Kartoffeln mit Weißkraut

Zutaten: 8 festkochende Kartoffeln
250 g Gehacktes (gemischt)
500 g Weißkraut
1 Ei
2 Frühlingszwiebeln
1 TL Senf
1–2 Packungen geriebener Gouda
1 EL Semmelbrösel
Etwa 500 ml Gemüsesuppe
2 EL Sonnenblumenöl
Salz, Pfeffer, Kümmel, Knoblauch, Chili

Die Kartoffeln waschen, der Länge nach halbieren und aushöhlen. Das ausgeschnittene Innere der Kartoffeln fein hacken. Die Frühlingszwiebeln putzen und fein schneiden. In einer Schüssel die Frühlingszwiebeln mit dem Gehackten, dem Ei, Petersilie, Käse, Semmelbrösel und dem gehackten Inneren der Kartoffeln gut vermengen. Mit Salz, Pfeffer, gepresstem Knoblauch, Chili und Kümmel würzen. Die ausgehöhlten Kartoffeln mit der Masse füllen. Das Weißkraut halbieren, den Strunk entfernen und in feine Streifen schneiden. Öl in einen Bräter gießen, das Weißkraut einfüllen und mit der Gemüsesuppe aufgießen, sodass das Kraut bedeckt ist. Die gefüllten Kartoffeln nebeneinander auf das Kraut setzen, Deckel schließen und im vorgeheizten Ofen bei 180 °C ca. 45 Minuten backen. Danach den Deckel entfernen, Käse auf den Kartoffeln verteilen und ohne Deckel nochmals bei etwa 225 °C einige Minuten bräunen lassen.

Vegetarischer Nudelauflauf
mit Tomaten und Paprika

Zutaten: 500 g Nudeln
2 gelbe Paprika
5–6 mittlere Tomaten
1 Suppenwürfel
1 Packung geriebener Emmentaler
1 Bund Schnittlauch
Salz, Pfeffer

Nudeln in reichlich Salzwasser nach Packungsanleitung bissfest kochen. Paprika und Tomaten klein schneiden und in einer Schüssel mit den gekochten Nudeln vermischen. Suppenwürfel, etwas Salz und Pfeffer sowie etwa 1/3 vom Käse unterrühren. Die Masse in eine eingefettete Auflaufform geben, mit dem restlichen Käse bedecken, den geschnittenen Schnittlauch darüber streuen und im vorgeheizten Ofen bei 180 °C überbacken, bis der Käse goldgelb wird.

Gefüllte Folienkartoffeln mit Speck

Zutaten: 8 große festkochende Kartoffeln
200 g Instant-Kartoffelpüree
100 g würfelig geschnittener Speck
2 gewürfelte Zwiebeln
1 Ei
200 g Crème fraîche
2 EL Rapsöl
Salz, Pfeffer

Kartoffelpüree nach Anleitung zubereiten und abkühlen lassen. Das Öl in einer Pfanne erhitzen und darin die Zwiebel und den Speck anrösten. Zwiebelmasse mit dem kalten Kartoffelpüree und dem Ei gut vermengen. Die rohen Kartoffeln waschen und auf einer Seite anschneiden und mit einem Teelöffel vorsichtig aushöhlen. Die zuvor zubereitete Kartoffelmasse in die ausgehöhlten Kartoffeln einfüllen, in Alufolie wickeln und auf dem Grill oder im vorgeheizten Backofen bei 200 °C etwa 20 Minuten garen lassen. Schnittlauch fein schneiden, mit Crème fraîche vermengen und mit Salz und Pfeffer abschmecken. Über die Folienkartoffeln verteilen und servieren.

Bohnen-Tomaten-Quiche

Zutaten: 1 Packung Mürbeteig
400 g grüne Bohnen aus der Dose
150 g Cocktailtomaten
100 g Schmelzkäse
2 in Ringe geschnittene Zwiebeln
2 Eier
1 Becher Schlagsahne
1 EL Olivenöl
Salz, Pfeffer, Muskat, Bohnenkraut

Den Backofen auf 200 °C vorheizen. Den Teig aus der Verpackung nehmen und in einer Springform auslegen; überstehende Teigstücke abschneiden und zur Seite legen. Den Teigboden mehrmals mit einer Gabel einstechen und bei 200 °C ca. 5 Minuten backen. Wasser in einem Topf aufkochen, die Bohnen hineingeben und etwa 10–12 Minuten köcheln. Die Tomaten waschen, vierteln und in kleine Stücke schneiden. Öl in einer Pfanne erhitzen und darin zuerst die Zwiebeln und anschließend die Tomatenstücke ca. 5 Minuten braten. Mit den Bohnen vermengen und auf dem vorgebackenen Teig verteilen. Die Sahne mit dem Schmelzkäse, den Eiern, Salz, Pfeffer, Muskat und Bohnenkraut mit einem Handrührgerät vermengen und über die Bohnenmasse gießen. Den Ofen auf 180 °C reduzieren und die Quiche etwa 25 Minuten backen.

Tomaten-Mozzarella-Auflauf

Zutaten: 600 g Fleischtomaten
300 g Mozzarella
1 gewürfelte Zwiebel
2 Knoblauchzehen
2 EL Olivenöl
Butter
Salz, Pfeffer, 1 EL Thymian

Backofen auf 200 °C vorheizen. Tomaten und Mozzarella in möglichst gleich dünne Scheiben schneiden. Eine Auflaufform einfetten und die Tomaten- und Mozzarellascheiben etwas übereinanderliegend schichten. Die Zwiebel und den gepressten Knoblauch in eine Schüssel geben. Mit dem Olivenöl, Thymian, Salz und Pfeffer zu einer Marinade verrühren und gleichmäßig in die Form gießen. Im Ofen etwa 20 Minuten überbacken. Mit Baguette oder Fladenbrot servieren.

Kartoffelpüree-Spinatauflauf

Zutaten: 2 Beutel Instant-Kartoffelpüree
2 Packungen TK-Blattspinat
250 g geschnittener Emmentaler
1 Ei
500 ml Milch
1 EL Butter
2 EL Semmelbrösel
Salz, Pfeffer, Muskat, Knoblauch

Kartoffelpüree laut Packungsanleitung zubereiten. Den Spinat auftauen. Eine Auflaufform mit Butter einfetten und mit den Semmelbröseln ausstreuen. Kartoffelpüree und Spinat abwechselnd schichten, mit dem Käse belegen und im vorgeheizten Ofen bei etwa 200 °C so lange backen, bis der Käse geschmolzen ist.

Fleischgerichte

Steyrer Pfanne

Zutaten: 500 g Gehacktes (gemischt)
150 g Speckwürfel
500 g festkochende Kartoffeln
1 rote Paprika
1 Packung gemischtes TK-Gemüse
1 fein geschnittene Zwiebel
1–2 Knoblauchzehen
2 EL Sonnenblumenöl
1 TL Paprikapulver edelsüß
1 TL Majoran
Salz, Pfeffer

Paprika in Streifen schneiden. Kartoffeln schälen, vierteln und kochen. Das Öl in einer Pfanne erhitzen und die Zwiebel goldgelb anbraten. Die Speckwürfel und das Gehackte anbraten, danach die Paprikastreifen und den Knoblauch dazugeben und kräftig rösten. Paprikapulver einrühren, salzen, pfeffern und etwas Wasser aufgießen. Die Kartoffeln hinzufügen und alles kurz aufkochen lassen.

Wurstpfanne

Zutaten: 500 g Braunschweiger Wurst
3–4 Tomaten
1 gelbe Paprika
1 kleine Dose Champignons
2–3 fein geschnittene Zwiebeln
3 Knoblauchzehen
250 g saure Sahne
50 g Margarine
Salz, Pfeffer

Paprika und Wurst in feine Streifen schneiden. Margarine in einer Pfanne erhitzen und zuerst die Zwiebeln darin anrösten. Wenn sie beginnen Farbe zu nehmen, zuerst die Wurst, dann die Paprikastreifen dazugeben und mit rösten. Die Champignons, den geschnittenen Knoblauch und die gewürfelten Tomaten hinzufügen und alles kurz und scharf rösten. Mit Salz und Pfeffer würzen und anschließend die saure Sahne einrühren. Mit Salzkartoffeln oder Reis servieren.

Bratwurstpfanne

Zutaten: 12 Nürnberger Rostbratwürstchen
2 Paprika (rot und gelb)
500 g gemischtes TK-Gemüse
2 fein geschnittene Zwiebeln
2 Knoblauchzehen
250 g saure Sahne
1 Suppenwürfel
1 EL Rapsöl zum anbraten
Salz, Pfeffer, Oregano, Basilikum

Öl in einer Pfanne erhitzen und die Zwiebeln und den Knoblauch langsam anschwitzen. Würstchen in Scheiben schneiden, zusammen mit dem Gemüse in die Pfanne geben und unter gelegentlichem Rühren garen, bis das Gemüse weich ist. Die saure Sahne einrühren, mit Salz, Pfeffer, Suppenwürfel und den Kräutern vermengen. Hierzu passen Reis, Nudeln, Bratkartoffeln oder auch Roggenbrot.

Falsche Fleischpalatschinken

Zutaten: 1 kg Gehacktes (gemischt)
2 große Zwiebeln
1–2 Knoblauchzehen
3 Eier
Semmelbrösel
Mehl
Fett zum Ausbacken
Olivenöl
Salz, Pfeffer, Rosmarin, Oregano, Basilikum, Chili

Olivenöl erhitzen und die würfelig geschnittenen Zwiebeln anrösten. Sobald sie Farbe bekommen, das Gehackte hinzufügen und unter Rühren so lange rösten, bis die austretende Flüssigkeit fast komplett verdunstet ist. Mit gepresstem Knoblauch, Salz, Pfeffer und den Gewürzen abschmecken. Einen EL Mehl einrühren und die Masse vom Herd nehmen. Das Gehackte nun glatt

in eine Auflaufform streichen und in etwa Fischstäbchen große Stücke vorschneiden.

Anschließend kommt die Auflaufform für etwa 1,5 Stunden ins Tiefkühlfach. In der Zwischenzeit die Eier, das Mehl und die Semmelbrösel für die Panade in jeweils getrennte Behälter geben. Die gekühlten Teile einzeln vorsichtig aus der Auflaufform heben, in Mehl wenden, durch die verquirlten Eier ziehen und mit Semmelbröseln bedecken. Danach in reichlich Fett goldgelb anbraten. Mit Salat und Preiselbeeren servieren.

Würstchen-Eintopf mit Kartoffeln und Porree

Zutaten: 8 Frankfurter Würstchen
500 g mehlige Kartoffeln
200 g rote Paprika
200 g Porree
300 g TK-Erbsen
500 ml Gemüsesuppe
2 EL Sonnenblumenöl
1 Prise Zucker
Salz, Pfeffer, Majoran und Chiliflocken

Die Kartoffeln schälen und würfelig schneiden. Paprika und Porree waschen und in Stücke zerteilen. Beim Porree sollten nur die weißen Teile verwendet werden. Das Öl in einem Topf erhitzen und darin das Gemüse und die Kartoffeln andünsten. Eine Prise Zucker dazugeben, 500 ml Gemüsesuppe aufgießen und rund 20 Minuten köcheln lassen. Die Würstchen in nicht zu dünne Scheiben schneiden und gemeinsam mit den TK-Erbsen hinzufügen und würzen. Alles gut durchrühren und nochmals etwa 5 Minuten köcheln lassen. Mit Fladenbrot oder mit Baguette servieren.

Chili con carne

Zutaten: 500 g Gehacktes (gemischt)
4 Tomaten
1 Dose Mais
2 Dosen Kidneybohnen
1 Tube Tomatenmark
2 große Zwiebeln
3 Knoblauchzehen
5 EL Olivenöl
Chili (frisch oder getrocknet)
3 TL Paprikapulver scharf
Salz, Pfeffer, Basilikum, Zucker

Die Bohnen in ein Sieb schütten, gründlich spülen und abtropfen lassen. Die Tomaten schälen und würfelig schneiden. Öl in einer Pfanne erhitzen und die klein geschnittenen Zwiebeln goldgelb rösten. Das Gehackte dazugeben und rösten, bis es leicht angebraten ist. Den gepressten Knoblauch hinzufügen. Die Bohnen, den Mais samt dem Saft aus der Dose, das Tomatenmark und die Tomaten mit etwas Wasser in die Pfanne geben. Das Ganze auf kleiner Flamme etwa 20 Minuten leise köcheln lassen und immer wieder rühren. Anschließend Chili und Gewürze hinzufügen und unter ständigem Rühren etwa 10 Minuten köcheln lassen. Mit Brot oder Fladenbrot servieren.

Szegediner Gulasch

Zutaten: 500 g Fleisch von der Schweinsschulter
oder Schnitzelfleisch im Ganzen
1 kg Sauerkraut
2–3 mittelgroße gewürfelte Zwiebeln
500 ml Rindssuppe
250 g saure Sahne
1–2 EL Maisstärke
1 EL Mehl
3–4 EL Raps- oder Maiskeimöl
Salz, Pfeffer, Kümmel, Paprikapulver edelsüß und scharf

Das Fleisch würfelig schneiden. Die Zwiebeln in einem Topf mit heißem Öl anbraten, bis sie Farbe bekommen. Danach das Fleisch dazugeben und unter Umrühren gründlich rösten. Anschließend mit Mehl stauben, das Paprikapulver einrühren und rasch mit Suppe ablöschen. Sauerkraut hinzugeben, durchrühren mit Salz, Pfeffer und Kümmel würzen. Bei halb geschlossenem Deckel etwa 1 Stunde köcheln lassen. Maisstärke mit ½ Becher saure Sahne vermengen, in den Topf einrühren und kurz aufkochen. 1 Löffel saure Sahne zum Schluss auf das Krautfleisch geben. Mit Serviettenknödeln, Semmelknödeln oder Roggenbrot servieren.

Schinken-Käsestrudel

Zutaten: 2 Packungen Blätterteig
200 g gekochter Schinken
250 g geriebener Emmentaler
2 Becher saure Sahne
2 Eier
Semmelbrösel
Salz, Pfeffer, Petersilie

Den Schinken in feine Streifen schneiden und in einer Schüssel mit Käse, Eiern und saurer Sahne gut vermengen und würzen. Den Blätterteig aus der Packung nehmen und auf einem feuchten Küchentuch ausrollen. Vorsichtig mit etwas Sonnenblumenöl bestreichen und mit Semmelbröseln bestreuen. Die Masse auf dem Teig verteilen, einrollen und auf einem mit Backpapier ausgelegtem Backblech bei 180 °C ca. 30 Minuten backen. Dazu passt eine Kräuter- oder Knoblauchsoße.

Köttbullar (Schwedische Fleischbällchen)

Zutaten für etwa 25 Bällchen:
500 g Gehacktes (gemischt)
1 gewürfelte Zwiebel
1 Ei
3 EL Schlagsahne oder saure Sahne
1 Tasse Semmelbrösel
1 TL Senf
1 EL Butter
Salz, Pfeffer, Cayennepfeffer

Die gewürfelte Zwiebel gemeinsam mit dem Ei und der Sahne in einer Schüssel gründlich vermengen. Danach die Semmelbrösel dazugeben und verrühren. Der Teig darf nicht zu flüssig sein. Das Gehackte mit einer Gabel zerdrücken, damit die Masse so fein wie möglich wird, und dann zusammen mit den Gewürzen zu dem Teig geben. Alle Zutaten gut mit der Hand vermengen und durchkneten, bis ein cremiger Teig entsteht. Kleine Portionen (etwa 1 EL) von der Fleischmasse zwischen den Handflächen zu einer Kugel formen und beiseite legen.

Butter in einer großen Pfanne erhitzen und die Fleischbällchen hineingeben, anschließend die Hitze reduzieren und die Bällchen noch ein wenig in der Pfanne braten. Herausnehmen und auf Küchenrolle abtropfen lassen. Mit einer dunklen Bratensoße oder Knoblauchsoße und grünem Salat servieren.

Westernpfanne

Zutaten: 500 g Gehacktes (gemischt)
2 Dosen gehackte Tomaten
1 Dose Mais
1 Dose Kidneybohnen
2 gewürfelte rote Zwiebeln
3 Knoblauchzehen
1 Becher Crème fraîche
500 ml Rindssuppe
Salz, Pfeffer, getrocknete Chili

Öl in einer Pfanne erhitzen und die Zwiebel darin anrösten. Das Gehackte dazugeben und so lange braten, bis die Flüssigkeit verkocht und das Gehackte braun und krümelig ist. Den gepressten Knoblauch hinzufügen und kurz rösten. Die abgegossenen und gewaschenen Bohnen und Mais dazugeben und kurz dünsten. Suppe und Tomaten aufgießen und kräftig durchrühren. Alles einkochen und die Crème fraîche einrühren, mit Salz, Pfeffer und Chili würzen, weiterhin köcheln lassen und abschließend abschmecken. Mit Bratkartoffeln, Fladenbrot, Nudeln oder Reis servieren.

Toskana-Laibchen

Zutaten: 500 g Gehacktes (gemischt)
1 Packung Mozzarella
1 klein geschnittene Zwiebel
3–4 Knoblauchzehen
150 g dünn geschnittener Speck
125 ml Schlagsahne
1 Ei
Mehl
125 ml Rindssuppe
1 EL Semmelbrösel
Wasser
Olivenöl, Butter
Salz, Pfeffer, Thymian, Basilikum, Oregano

Die klein geschnittene Zwiebel und den gepressten Knoblauch mit dem Gehackten in einer Schüssel salzen, pfeffern und gut vermischen. Thymian, Basilikum und Oregano klein schneiden und mit der Masse vermengen. Daraus nun möglichst gleich große, längliche Laibchen formen und in einer Pfanne mit erhitztem Olivenöl von allen Seiten anbraten. Eine Auflaufform mit Backpapier auslegen und die Laibchen hineinlegen. Mit dünn geschnittenem Mozzarella belegen und etwa 20 Minuten bei 180 °C im Ofen überbacken. Etwas Mehl im Bratensaft in der Pfanne anschwitzen, mit Wasser aufgießen, die Sahne und die Suppe einrühren. Die Laibchen aus dem Ofen nehmen, mit der Soße, Reis oder Nudeln und Salat servieren.

Jägerkohl

Zutaten: 250 g Gehacktes (gemischt)
500 g Kohl
250 g mehlige Kartoffeln
1 gewürfelte Zwiebel
1 EL Olivenöl
Salz, Pfeffer, Majoran

Kartoffeln schälen und in Würfel schneiden. In einer Schüssel mit Wasser aufbewahren. Den Kohl halbieren, in dünne Streifen schneiden und waschen. Öl in einem Topf erhitzen und das Gehackte darin anrösten, bis es braune Farbe annimmt; dann die Zwiebel dazugeben, kurz andünsten und nach 2–3 Minuten den Kohl hinzufügen. Alles gut durchrühren und mit Wasser auffüllen, sodass alles bedeckt ist. Einmal aufkochen lassen und auf kleiner Flamme 25 Minuten leicht köcheln lassen. Die gewürfelten Kartoffeln dazugeben, mit Salz, Pfeffer und Majoran abschmecken und so lange weiterköcheln lassen, bis die Kartoffeln weich sind.

Gulasch

Zutaten: 1 kg Rindfleisch/Rindsgulasch
1 kg gewürfelte Zwiebel
5–6 Knoblauchzehen
3 EL Paprikapulver edelsüß
3 EL Paprikapulver scharf
500 ml Rindssuppe
250 ml Sonnenblumenöl
Salz, Pfeffer, Kümmel

Tipp: Sowohl rote als auch weiße Zwiebeln verwenden

Das Fleisch putzen und in gleich große Würfel schneiden. In einem Topf das Öl erhitzen und die geschnittenen Zwiebeln unter ständigem Rühren rösten. Das geschnittene Fleisch zugeben und unter Rühren anbraten, bis der Fleischsaft mit den gedünsteten Zwiebeln eine sämige Konsistenz bildet. Gepressten Knoblauch hinzufügen und kurz rösten. Anschließend die beiden Sorten Paprikapulver einrühren und die Suppe aufgießen. Mit Salz, Pfeffer und Kümmel würzen und etwa 45 Minuten leise köcheln lassen, bis das Fleisch weich ist.

Mit Nockerl, Backwaren, gekochten Kartoffeln, pur oder mit Serviettenknödeln servieren.

Tipp: Übrig gebliebenes Gulasch mit Rindssuppe aufgießen und weiterköcheln lassen, um daraus eine Gulaschsuppe zuzubereiten oder man kocht Frankfurter Würstchen im restlichen Gulasch und serviert »Würstel mit Saft« – eine klassische Wiener Speise.

Fleischeintopf mit Kartoffeln

Zutaten: 500 g geschnittenes Schweinefleisch
5 große festkochende Kartoffeln
2 fein geschnittene Zwiebeln
1 Knoblauchzehe
2 EL Maiskeimöl
1–2 TL Paprikapulver edelsüß
1–2 kleine Chili (getrocknet)
500 ml Rindssuppe
Salz, Pfeffer, Kümmel, Majoran

Kartoffeln schälen, würfelig schneiden und in eine Schüssel mit Wasser legen. Öl in einem Topf erhitzen und die gewürfelte Zwiebeln und den gepressten Knoblauch glasig rösten. Das in Würfel geschnittene Fleisch dazugeben und von allen Seiten scharf anbraten. Das Paprikapulver darüber streuen und die Suppe aufgießen. Die Kartoffeln abgießen und hinzufügen und etwa 15 Minuten köcheln lassen. Mit Salz, Pfeffer, Kümmel, Majoran und den getrockneten Chilis würzen.

Hot-Dogs mit Meerrettich-Mayonnaise

Zutaten: 6 Bratwürste XL
2 Stangen Baguette
3 rote in Ringe geschnittene Zwiebeln
200 g Mayonnaise
1 kleines Stück Meerrettich
1 Zitrone
4 EL Olivenöl
4 EL Tafelessig
2 TL Kristallzucker
Salz, Thymian
1 Handvoll Blattsalat (z. B. Rucola)

Meerrettich reiben. Zitrone waschen und die Schale fein abreiben. Danach halbieren, eine Hälfte auspressen und mit der Mayonnaise, dem Meerrettich und 1 TL Essig verrühren. In einer zugedeckten Schale in den Kühlschrank stellen. Öl in einer Pfanne erhitzen, Zwiebelringe salzen und im Öl ca. 2–3 Minuten braten, bis sie weich sind. Vom Herd nehmen und in einer kleinen Schale mit dem restlichen Essig, Zucker und Thymian marinieren. Die Bratwürste auf dem Grill (in der Pfanne oder im Ofen) braten, bis sie durch sind. Die Enden von den Baguettes abschneiden, die Baguettes halbieren, aufschneiden und mit Würsten, Zwiebel, Meerrettich-Mayonnaise und Salat befüllen.

Überbackene Fleischlaibchen
in Champignon-Tomatensoße

Zutaten:
Für die Fleischlaibchen:
> 500 g Gehacktes (gemischt)
> 1 Semmel
> 1 Ei
> 1 EL Tomatenmark
> 1 gewürfelte Zwiebel
> 1–2 Knoblauchzehen
> Maiskeimöl
> 1 TL Oregano getrocknet
> Salz, Pfeffer

Für die Soße:
> 1 kleine Dose Champignons
> 1 Dose geschälte Tomaten
> 100 g geriebener Gouda
> 1 klein geschnittene Zwiebel
> 1 Becher Schlagsahne
> 250 ml Gemüsesuppe
> 1 TL Paprikapulver edelsüß
> 1 TL Oregano getrocknet
> 1 EL Zucker
> Salz, Pfeffer

Die Semmel etwa 10 Minuten in kaltem Wasser einweichen, ausdrücken und mit einer Gabel zerkleinern. Etwas Öl erhitzen und die gewürfelte Zwiebel ganz leicht anrösten. Das Gehackte in eine Schüssel geben, mit den Zwiebeln, Ei, Semmelmasse, gepresstem Knoblauch, Tomatenmark, Oregano, Salz und Pfeffer gut vermischen. Mit angefeuchteten Händen etwa 8 gleich große Laibchen formen.

Für die Soße die klein geschnittene Zwiebel langsam in etwas Öl anbraten. Die Champignons in einem Sieb abtropfen lassen, dazugeben und dünsten. Die Tomaten samt Saft hinzufügen und etwas zerkleinern. Sahne, gepressten Knoblauch, Suppe, Paprikapulver, Oregano und Zucker einrühren, gut vermischen und mit Salz und Pfeffer abschmecken. Die Soße in eine Auflaufform geben, die Laibchen einlegen und mit Käse bestreuen. Bei 180 °C ca. 30 Minuten überbacken.

Tacos mit Fleischfüllung

Zutaten:

Für den Teig:

> 200 g Maismehl
> 75 g Weizenmehl
> 2 EL Olivenöl
> Salz, Wasser

Für die Füllung:

> 500 g Gehacktes (gemischt)
> 2 Paprika (gelb und rot)
> 1 Dose Mais
> 3 EL Tomatensoße
> 3 EL Salsa-Soße
> 2 gewürfelte Zwiebeln
> 3–5 Knoblauchzehen
> 3 EL Olivenöl
> 1 TL Chilipulver oder 2–3 getrocknete Chili
> Eisbergsalat
> Salz, Pfeffer, Oregano, Rosmarin

Für die Tacos: Weizenmehl und Maismehl in einer Schale gut verrühren, salzen, mit Öl und ca. 100 ml Wasser einen glatten Teig kneten. Den Teig in ca. 6 gleich große Stücke teilen und daraus Kugeln formen. Jede Kugel auf einen Kreis von ca. 25 cm Durchmesser auswalken. In einer Pfanne etwas Öl erhitzen und die Fladen bei geringer Hitze ganz kurz beidseitig rösten. Die Fladen sollten noch biegbar sein.

Für die Füllung: Die beiden Paprika in kleine Würfel schneiden. Öl in einer Pfanne erhitzen und die gewürfelten Zwiebeln darin goldgelb rösten, das Gehackte dazugeben und scharf anbraten. Paprikawürfel, den abgetropften Mais und gepressten Knoblauch hinzufügen und rösten. Dann die Soßen und das Chili zugeben, mit Salz, Pfeffer und Kräutern abschmecken und gut durchmischen. Die Tacofladen kurz in der Pfanne erhitzen, mit der Masse füllen und mit Salat servieren.

Hühnchengerichte

Ein Huhn verarbeiten

Das Huhn innen und außen gründlich unter fließendem kalten Wasser waschen. Anschließend trocken tupfen und enthäuten: mit etwas Küchenpapier am Rand einer Schnittstelle abdecken, dann an der Schnittstelle mit den Fingern unter die Haut gehen und mit dem Küchenpapier abziehen.

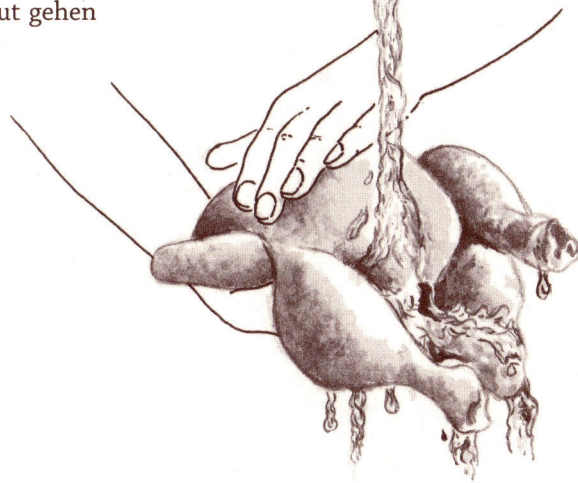

Das Huhn auf den Rücken legen und die Keulen vom Körper wegbiegen, bis die Gelenke brechen und es knackt. Anschließend die Keulen mit einem scharfen Messer oder einer Schere vom Körper abtrennen.

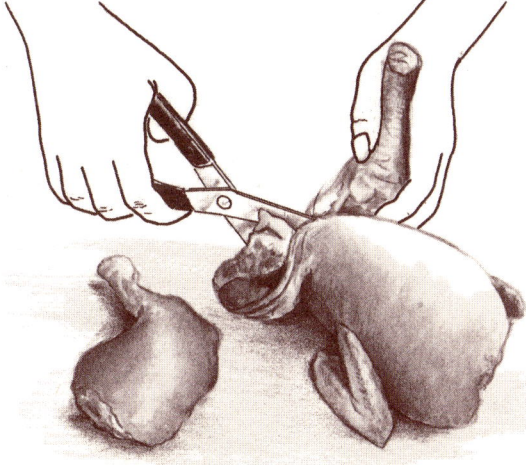

131

Die Flügel auf die gleiche Weise wie die Keulen abtrennen.

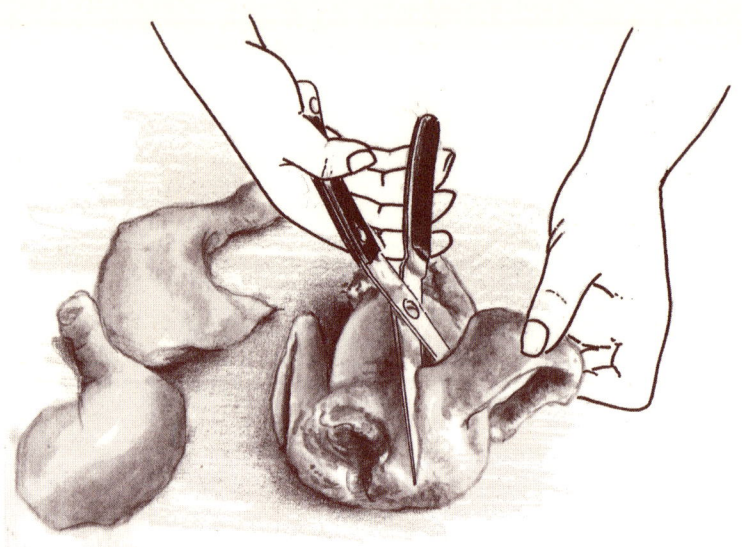

Brust und Rücken lassen sich voneinander trennen, indem an beiden Seiten der Brustkorb durchgeschnitten wird. Mit einen scharfen Messer vorsichtig und ohne Druck entlang des Brustbeins schneiden und so die Brustfilets nacheinander von den Rippen lösen.

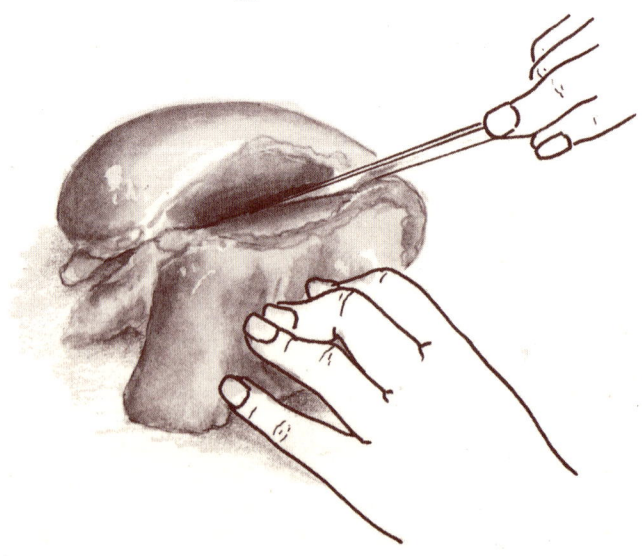

Auf der Innenseite die Keule entlang des Knochens einschneiden und vorsichtig die Knochen freilegen.

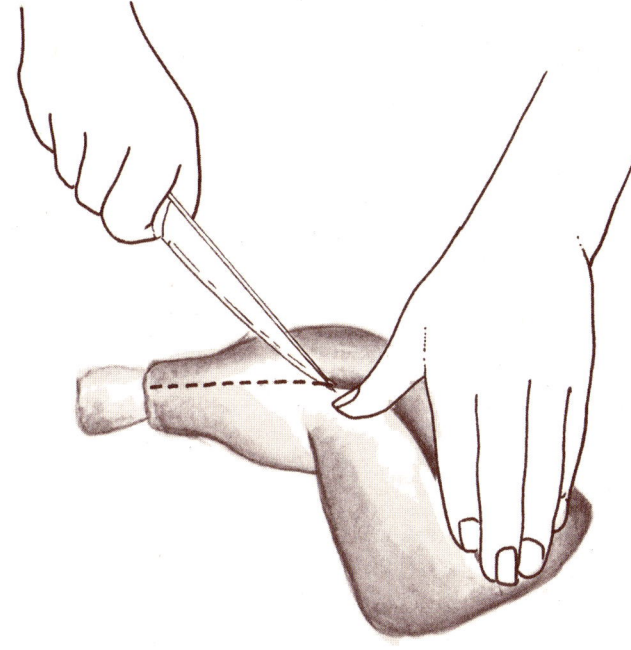

Dann vorsichtig mit dem Messer unter die Knochen und das Gelenk gehen und aus dem Fleisch herauslösen und am Gelenkkopf abtrennen.

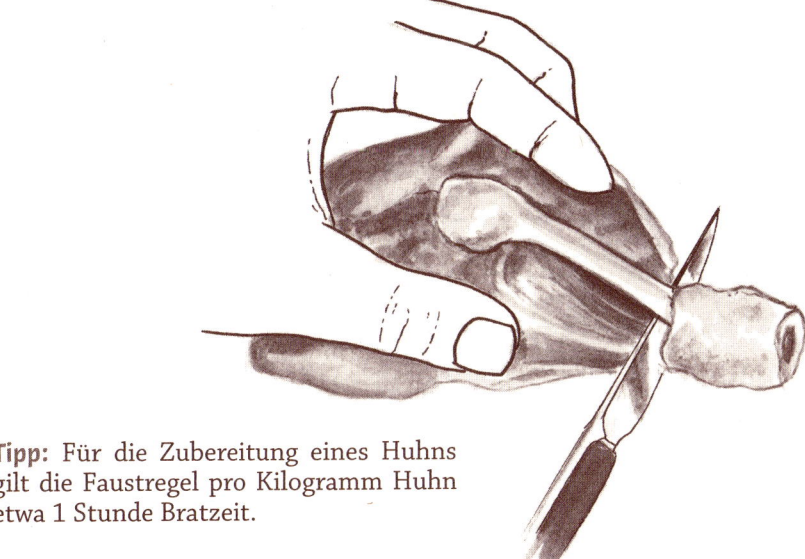

Tipp: Für die Zubereitung eines Huhns gilt die Faustregel pro Kilogramm Huhn etwa 1 Stunde Bratzeit.

Hühnereintopf mit Bohnen

Zutaten: 1 Huhn
1 große Dose weiße Bohnen
1 Bund Suppengemüse
2 gewürfelte Zwiebeln
½ Tube Tomatenmark
1 l Hühnersuppe
1 Becher Crème fraîche
3–4 EL Olivenöl
Salz, Pfeffer, Chili, 2 TL Paprikapulver edelsüß

Das Huhn waschen, enthäuten und auslösen. Das Fleisch in gleichmäßige Stücke schneiden. Öl in einer Pfanne erhitzen und die Zwiebel darin langsam goldgelb anrösten. Das Hühnerfleisch dazugeben und kräftig von allen Seiten braten. Das Paprikapulver unterrühren, die Suppe aufgießen und leise köcheln lassen. Die Bohnen in ein Sieb füllen und unter fließendem Wasser gründlich waschen. Anschließend zum Hühnerfleisch geben, mit Chili, Tomatenmark, Salz und Pfeffer würzen, köcheln lassen, bis das Fleisch weich ist, und zum Schluss die Crème fraîche einrühren.

Hühnerstreifen auf Bohnen-Mais-Gröstl

Zutaten: 1 Huhn
500 g festkochende Kartoffeln
1 mittlere gewürfelte Zwiebel
½ rote Paprika
1 Dose Mais
1 Dose Kidneybohnen
2 EL Raps- oder Maiskeimöl
Petersilie
Salz, Pfeffer, Chili

Kartoffeln schälen, kochen und nach dem Auskühlen in gleichmäßig dünne Scheiben schneiden. Das Huhn waschen, häuten und auslösen. Das Hühnerfleisch in Streifen schneiden, mit Salz und Pfeffer würzen und für ca. 10 Minuten in den auf 200 °C vorgeheizten Ofen schieben, sodass das Fleisch nicht austrocknet. Paprika waschen und in dünne Streifen schneiden. Das Öl in einem großen Topf erhitzen und die Zwiebelstücke kurz rösten. Dann die Kartoffelscheiben dazugeben, kräftig salzen und auf beiden Seiten anbraten. Sobald die Kartoffeln Farbe bekommen haben, Mais, Paprikastreifen und Bohnen hinzufügen und kurz erwärmen. Petersilie fein hacken, über das Gemüse streuen, mit Salz, Pfeffer und Chili abschmecken. Zum Schluss die Hühnerstreifen aus dem Ofen holen und unter das Gemüse mischen. Mit frischem Salat servieren.

Paprikahuhn

Zutaten: 1 Huhn
Jeweils 1 Kaffeelöffel Paprikapulver edelsüß und scharf
1 gewürfelte Zwiebel
1 EL Mehl
250 g saure Sahne
500 ml Wasser
5–6 EL Sonnenblumen- oder Maiskeimöl
Salz

Das Huhn reinigen, die Haut abziehen, zerteilen und die Hühnerstücke salzen. Das Öl in einer Pfanne erhitzen und die Zwiebel darin langsam goldgelb rösten, das Paprikapulver einrühren, die Hühnerstücke dazugeben und 500 ml Wasser aufgießen. Etwa 30 Minuten leise köcheln lassen. Die saure Sahne mit dem Mehl gut verrühren. Die Hühnerstücke aus dem Topf nehmen und die Mehl-Sahne-Masse einrühren und kurz aufkochen lassen. Anschließend die Hühnerstücke wieder in die Soße legen. Mit Reis, Serviettenknödeln oder Spätzle und grünem Salat servieren.

Hühnerpfanne

Zutaten: 1 ganzes Huhn
2 fein geschnittene Zwiebeln
½ Tasse Sojasoße
4–5 EL Maiskeimöl
Salz, Pfeffer, Rosmarin, Basilikum, Oregano

Das Huhn waschen, enthäuten, auslösen, in gleich große Stücke teilen und in eine Schüssel geben. Die Sojasoße darübergießen und gut vermischen. Das eingelegte Huhn für etwa 1 Stunde in den Kühlschrank stellen. Öl in einer Pfanne erhitzen und die Zwiebelstücke langsam rösten, sodass sie nicht braun werden. Die Hühnerstücke zu den Zwiebeln geben. Bei erhöhter Hitze das Fleisch von allen Seiten gut durchbraten. Mit Salz, Pfeffer und den Kräutern würzen und mit Röstgemüse, Reis und Salat servieren.

Hühnereintopf mit Tomaten-Zucchinigemüse

Zutaten: 600 g Hühnerfleisch
200 g Tomaten
2 Zucchini
2 gewürfelte Zwiebeln
500 ml Gemüsesuppe
2 EL Olivenöl
Salz, Pfeffer, Muskat,
Rosmarin

Tomaten und Zucchini in kleine Würfel schneiden. Das Hühnerfleisch in Stücke zerteilen. In einem Topf das Öl erhitzen und die Zwiebelstücke glasig anrösten. Das geschnittene Hühnerfleisch dazugeben und von allen Seiten anbraten. Jetzt die Tomaten, Zucchini und den Rosmarin hinzufügen und kurz anrösten. Mit Salz, Pfeffer und etwas Muskat würzen und auf kleiner Flamme etwa 30 Minuten leicht köcheln lassen.

Chicken Pot Pie

Zutaten: 2 Hühnerbrüste
1 Packung Blätterteig
1 Karotte
100 g TK-Erbsen
1 mittelgroße mehlige Kartoffel
1 Zwiebel
1 Ei
50 ml Schlagsahne
500 ml Gemüsesuppe
100 ml Milch
2 EL Mehl
15 g Butter
1 EL Olivenöl
Salz, Pfeffer, Petersilie

Zwiebel, geschälte Kartoffeln und Karotte würfelig schneiden. Das Hühnerfleisch ebenfalls würfelig schneiden und die Petersilie fein hacken. Öl in einer Pfanne erhitzen und das Gemüse anbraten. Anschließend das Fleisch zugeben und braten. Die Butter in der Pfanne zerlassen, danach das Mehl einrühren und etwas anschwitzen. Mit der Suppe ablöschen, gut durchrühren, mit Salz und Pfeffer abschmecken und etwas abkühlen lassen. Backofen auf 200 °C vorheizen. Backform erst mit Backpapier und danach mit Blätterteig auslegen; etwas Teig für die Haube aufbewahren. Die Zutaten aus der Pfanne auf dem Blätterteig verteilen, die abgekühlte Mehlschwitze gleichmäßig über dem Hühnerfleisch verteilen, die Teighaube auflegen und festdrücken. Das Ei in einer Schale verquirlen und auf den Blätterteig streichen. Im vorgeheizten Ofen etwa 15 Minuten goldgelb backen.

Gefülltes Brathuhn

Zutaten: 1 bratfertiges Huhn
50 g Semmelwürfel
20 g Butter (für die Füllung)
20 g Semmelbrösel
1 Ei
Milch
1 EL Butter (zum Anbraten)
Salz, Pfeffer, Paprikapulver edelsüß,
Rosmarin, Oregano, Petersilie

Den Backofen auf 180 °C vorheizen. Semmelwürfel in der Milch einweichen. Die Petersilie fein schneiden. Das Huhn innen und außen unter fließendem kalten Wasser gründlich waschen und anschließend trocken tupfen. Die Semmelwürfel aus der Milch nehmen und ausdrücken. 20 g Butter schaumig rühren und mit den Semmelwürfeln und der geschnittenen Petersilie vermengen. Die Semmelbrösel und das Ei in die Masse geben, salzen, pfeffern und verrühren. Das Huhn mit der Masse füllen und mit Zahnstochern verschließen. Anschließend das Huhn mit Salz, Pfeffer, Paprikapulver, Rosmarin und Oregano bestreuen. 1 EL Butter in die Pfanne geben, das Huhn mit der Brustseite nach unten einlegen und im Ofen etwa 60–70 Minuten braten. In der Hälfte der Garzeit das Huhn vorsichtig wenden und hin und wieder mit der Bratenflüssigkeit übergießen. Das fertig gebratene Huhn aus der Pfanne nehmen, die Zahnstocher entfernen und das Huhn zerteilen. Den Bratenrückstand mit 100 ml Wasser aufgießen, kurz aufkochen und etwas Butter zerlassen. Mit Reis und grünem Salat servieren.

Bunte Gemüsepfanne mit Hühnchen

Zutaten: 500 g Hühnerfilet
250 g grüne TK-Bohnen
4 Karotten
1–2 Stangen Lauch
200 g Frischkäse
1 ½ Suppenwürfel
2 EL Olivenöl
Salz, Pfeffer, Basilikum, Oregano

Karotten schälen und in Stifte schneiden.
Bohnen in Stücke schneiden. Beides in einem
Topf mit kochendem Salzwasser knackig kochen.
Anschließend abgießen und eine große Tasse Gemüsesud aufheben. Die Hühnerfilets waschen,
trocken tupfen und in Streifen schneiden. Öl in
einer großen Pfanne erhitzen und die Hühnerstreifen darin scharf anbraten, salzen, pfeffern
und mit den Kräutern würzen. Den klein geschnittenen Lauch und das übrige Gemüse zugeben und kurz
dünsten. Gemüsesud mit dem Suppenwürfel in einem Topf aufkochen und
in die Pfanne geben. Nun den Frischkäse einrühren und langsam schmelzen lassen, ohne erneut aufzukochen. Mit Reis servieren.

Hühnereintopf mit Gemüse und Nudeln

Zutaten: 1 Huhn
500 g Suppennudeln
300 g Karotten
1 kleine Sellerieknolle
2 Zwiebeln
2 Suppenwürfel
3 EL Olivenöl
Salz, Pfeffer

Das Huhn waschen, in 2 Teile teilen und etwa 30 Minuten in leicht gesalzenem Wasser kochen. Das Huhn herausnehmen, in einem Sieb abtropfen und abkühlen lassen. Das Kochwasser nicht wegschütten. Anschließend die Haut entfernen und das Hühnerfleisch von den Knochen lösen.
Die Zwiebeln und das Gemüse in kleine Würfel schneiden. Das Kochwasser auf etwa 1 l auffüllen und die Suppenwürfel hineingeben. Zwiebeln
und Gemüse einfüllen und ca. 15 Minuten köcheln lassen, bis alles weich
ist. In der Zwischenzeit die Suppennudeln nach Packungsanleitung kochen. Wenn die Nudeln fertig gekocht sind, zusammen mit dem Fleisch
in die Suppe geben, gut vermengen und auf den Tellern verteilen.

Fischgerichte

Seelachsfilet mit Reis

Zutaten: 4 TK-Seelachsfilets
2 Tassen Parboiled-Reis
750 ml passierte Tomaten
2 Zwiebeln
3–4 Knoblauchzehen
250 g Butter
½ Tasse Gemüsesuppe
Salz, Chiliflocken

Die Zwiebeln schälen, eine davon kleinwürfelig und die andere in feine Ringe schneiden. 125 g Butter in einem Topf erhitzen und die Zwiebelwürfel glasig anbraten, dann den gepressten Knoblauch hinzufügen. Mit ½ Tasse Gemüsesuppe ablöschen und die passierten Tomaten einrühren. Mit Salz, Pfeffer und Chili würzen. Den Reis gar kochen. Restliche Butter in einer Pfanne erhitzen und den Fisch beidseitig anbraten. Dabei immer wieder die zerlaufene Butter über den Fisch träufeln. Die Seelachsfilets auf Tellern mit dem Reis anrichten, die Soße über den Reis geben und mit Zwiebelringen garnieren.

Tipp: Mit einem Suppenwürfel im Kochwasser erhält der Reis eine besondere Würze.

Ofenfisch

Zutaten: 4 TK-Seelachsfilets
1 Bund frischer Dill oder 1 Packung TK-Dill
2 EL Meerrettich
2 Becher saure Sahne
100 ml Milch
2 EL Zitronensaft
125 g Butter
Salz, Pfeffer, 1 Prise Zucker

Dillblätter abzupfen, waschen und fein hacken. In einer Schüssel zusammen mit der sauren Sahne, Milch und dem Zitronensaft vermischen. Mit Salz, Pfeffer und einer Prise Zucker abschmecken. Eine Auflaufform mit Butter einfetten, den aufgetauten Fisch beidseitig salzen und in die Form legen. Die Soße gleichmäßig über den Fisch gießen, mit Butterflocken bestreuen und bei 200 °C etwa 20 Minuten im vorgeheizten Ofen garen. Dazu passen Salzkartoffeln und grüner Salat.

Fish & Chips

Zutaten: 4 TK-Fischfilets
200 g festkochende Kartoffeln
2 Eier
1 Becher Joghurt
500 g Mehl (griffig)
200 g ungesüßte Cornflakes
250 ml Pflanzenöl
Saft einer Zitrone oder 1 EL Zitronensaft
Salz, Pfeffer, Paprikapulver edelsüß

Kartoffeln waschen, schälen, der Länge nach halbieren und in möglichst gleiche Streifen schneiden. Die Kartoffelstücke in einer Schüssel mit Salz, Paprikapulver und etwas Öl vermengen. Backofen vorheizen und die Kartoffeln auf einem mit Backpapier ausgelegten Backblech bei 200 °C etwa 25 Minuten backen. Die Fischfilets auftauen, waschen und trocken tupfen. Mehl auf einen flachen Teller geben, die Eier in einem Teller aufschlagen und mit Salz und Pfeffer gut verrühren. Cornflakes mit der Hand zerbröseln und in eine Schüssel geben. Die Filets auf beiden Seiten salzen und mit etwas Zitronensaft beträufeln, zuerst durch das Mehl, dann durch die verrührten Eier und schließlich durch die Cornflakes ziehen, sodass die Filets vollkommen mit der Panier bedeckt sind. Die Panier etwas festdrücken und die Fischfilets zu den Kartoffeln in den Ofen geben und bei 200 °C etwa 15 Minuten backen. Das Joghurt in eine Schüssel geben, mit Salz, Pfeffer und Zitronensaft verrühren und als Dip servieren.

Thunfischstrudel

Zutaten: 2 Dosen Thunfisch (im eigenen Saft eingelegt)
1 Packung Blätterteig
250 g Mozzarella
50 g geriebener Emmentaler
½ Becher saure Sahne
2 Eier
2 EL TK-Schnittlauch
2 EL TK-Petersilie
Salz, Pfeffer
1 Ei zum bestreichen

Thunfisch aus der Dose in ein Sieb geben und gut abtropfen lassen. Mozzarella in kleine Würfel schneiden und mit dem Thunfisch, der sauren Sahne, Eiern, Emmentaler, Schnittlauch und Petersilie in einer Schüssel vermengen. Mit Salz und Pfeffer abschmecken. Den Blätterteig auf einem feuchten Geschirrtuch ausrollen und die Zutaten gleichmäßig auf dem oberen Drittel verteilen. Zu einem Strudel einrollen und vorsichtig auf ein mit Backpapier ausgelegtes Backblech legen. Das Ei in eine Schale schlagen, verquirlen und den Strudel damit bestreichen. Im vorgeheizten Ofen etwa 20–25 Minuten bei 180 °C goldgelb backen. Dazu passen Petersilienkartoffeln.

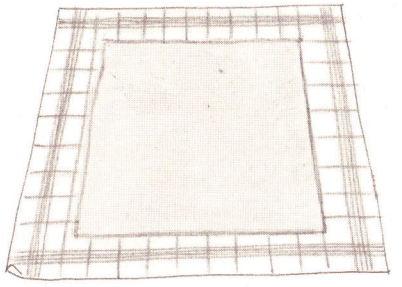

1. Die Strudelblätter auf einem feuchten Geschirrtuch auslegen

Strudelteig:

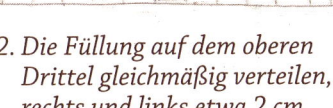

2. Die Füllung auf dem oberen Drittel gleichmäßig verteilen, rechts und links etwa 2 cm Rand frei lassen

3. Zuerst das obere und untere Ende des Teiges einschlagen, anschließend die längeren Teigränder rechts und links einschlagen

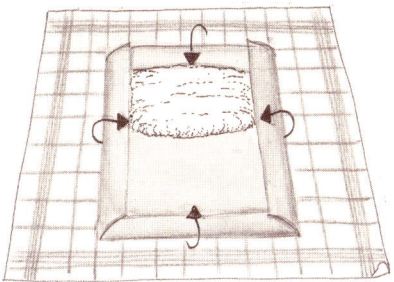

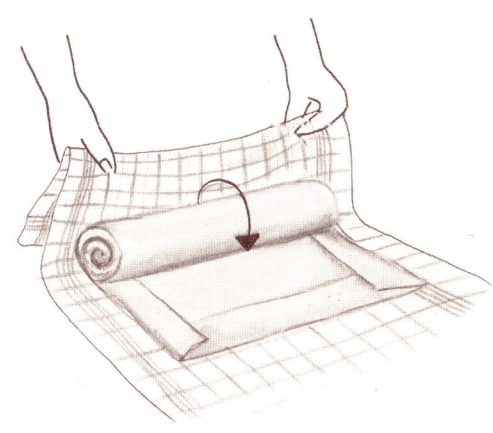

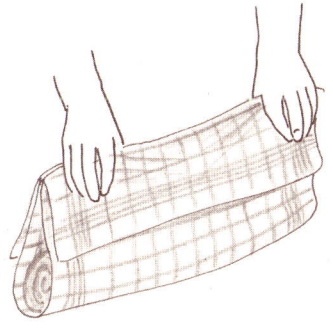

5. Den fertig gerollten Strudel auf das Backblech heben und vorsichtig aus dem Tuch rollen

4. Durch vorsichtiges Anheben des Geschirrtuchs den Strudel einrollen

Thunfischnudeln

Zutaten: 500 g Thunfisch (aus der Dose im eigenen Saft eingelegt)
300 g Spaghetti
250 g saure Sahne
125 ml Weißwein
2 gewürfelte Zwiebeln
Olivenöl
Salz, Pfeffer, Schnittlauch

Thunfisch aus der Dose in ein Sieb geben und etwas abtropfen lassen. Öl in einer Pfanne erhitzen und die Zwiebeln glasig anrösten. Den Thunfisch dazugeben, gut durchrühren und kurz anbraten. Mit Weißwein ablöschen, salzen, pfeffern, die saure Sahne einrühren und leise köcheln lassen. In der Zwischenzeit die Spaghetti laut Packungsanleitung kochen. Anschließend mit der Thunfischsoße vermischen und mit Schnittlauch bestreut servieren.

Fischlaibchen

Zutaten: 1 kg TK-Seelachsfilet
2 Eier
3 fein geschnittene Zwiebeln
2 EL Semmelbrösel
5–6 EL Sonnenblumenöl zum Anbraten
Zitronensaft
Salz, Pfeffer, Petersilie

Den Fisch auftauen und in Würfel schneiden. Die Stücke in einen Topf mit Wasser geben, einige Minuten köcheln lassen, durch ein Sieb abgießen und abtropfen lassen. Den Fisch in eine Schüssel geben und mit einer Gabel zerdrücken. Die Zwiebeln in einer Pfanne mit erhitztem Öl glasig dünsten. Zwiebel, Petersilie, Eier, Semmelbrösel, Salz und Pfeffer zum Fisch geben, gut durchmischen und mit Zitronensaft abschmecken. Das Ganze sollte eine dicke, homogene Masse ergeben. Öl in einer Pfanne erhitzen. Mit den Händen kleine Laibchen formen, etwas platt drücken und in nicht allzu heißem Öl auf beiden Seiten knusprig braten. Mit Kartoffelsalat und Joghurt-Dip servieren.

Süßes

Süßer Flammkuchen

Zutaten: 2 Packungen Blätterteig
1 Erdnusskrokantriegel
2 Bananen
4 EL Schokoaufstrich

Backofen auf 180 °C vorheizen. Die Blätterteigplatten nebeneinander auf eine leicht bemehlte Arbeitsfläche legen und ausrollen. Die Platten jetzt auf mit Backpapier ausgelegte Bleche legen und auf mittlerer Schiene etwa 6 Minuten backen. In der Zwischenzeit die Bananen schälen und schräg in dünne Scheiben schneiden. Den Erdnussriegel fein hacken. Den Blätterteig jeweils mit 2 EL Schokoaufstrich bestreichen, die Bananenscheiben darauf verteilen und mit Schokokrokant bestreut servieren.

Kokosbusserl

Zutaten: 200 g Kokosflocken
3 Eiweiße
1 TL Zitronensaft
200 g Zucker

3 Eiweiße in einer Rührschüssel mit dem Handrührgerät zu einem festen Eischnee rühren. Den Zucker zugeben und weiterrühren, bis eine feste Creme entsteht. Die Kokosflocken und den Zitronensaft hinzufügen und einrühren. Backofen auf 180 °C vorheizen. Ein Backblech mit Backpapier auslegen. Mit zwei Teelöffeln kleine Häufchen nebeneinander auf das Backpapier setzen und etwa 15 Minuten backen.

Milchreis

Zutaten: 2 Tassen (Milch-)Reis
1 l Milch
400 g Butter
1 Packung Vanillezucker
1 TL Zimt
2 EL Zucker

Milch, Reis und Vanillezucker in einen Topf geben. Langsam und unter ständigem Rühren aufkochen. Mit geschlossenem Deckel bei kleinster Hitze etwa 40 Minuten garen lassen und immer wieder umrühren. Zum Schluss die Butter hineingeben und mit Zimt und Zucker bestreut servieren.

SÜSSES

Apfelkuchen

Zutaten:
Für den Teig:
> 250 g Mehl
> 100 g Butter
> 1 Prise Salz
> 100 ml Wasser

Für den Belag:
> 1 kg Äpfel
> 300 g geriebene Haselnüsse
> Zimt

Für den Guss:
> 120 g Zucker
> 40 g Mehl
> 10 g Cremepulver
> 3 Eier
> 500 ml Milch

Für den Teig die weiche Butter mit dem Mehl in einer Schüssel vermengen, Salz und Wasser zugeben und ohne zu kneten zu einem Teig verarbeiten. In Frischhaltefolie einwickeln und über Nacht im Kühlschrank ziehen lassen. Teig auf einem Backblech ausrollen und dabei Ränder von etwa 5 mm Höhe stehen lassen. Den Boden mehrmals mit der Gabel einstechen und mit Haselnüssen bestreuen. Anschließend die Äpfel schälen und entkernen; mit einer Reibe grob raspeln, auf den Teig verteilen und mit Zimt bestreuen.

Für den Guss Zucker, Mehl und Cremepulver vermengen. Danach die Eier und die Milch dazugeben und gut verrühren, bis sich der Zucker aufgelöst hat. Nun den Guss über den Kuchen gießen und im vorgeheizten Ofen etwa 50–60 Minuten bei 200 °C backen.

Griessterz

Zutaten: 600 g Maisgries
> 3 TL Salz
> 500 ml Wasser

Gries in einer Pfanne ohne Öl bei mittlerer Hitze unter Rühren so lange anrösten, bis die Flüssigkeit entwichen ist. Mit dem Salzwasser langsam übergießen und etwa 20 Minuten quellen lassen. Den Sterz mit zwei Gabeln in Stücke zerreißen und mit Kompott, Marmelade oder Puderzucker süßen.

Nussauflauf

Zutaten: 60 g Walnusskerne
60 g Zucker
50 g Butter
3 Eier getrennt
1 Prise Zimt
Schale einer Zitrone
Butter für die Auflaufform

50 g Butter mit dem Schneebesen schaumig rühren, danach Zucker, drei Eigelbe, geriebene Walnusskerne, Zimt und die geriebene Zitronenschale nach und nach unterrühren, bis eine cremige Masse entsteht. Danach die Eiweiße zu Schnee schlagen und vorsichtig unterheben. Die Backform mit Butter einfetten und die Masse einfüllen. Etwa 45 Minuten bei 120–160 °C backen.

Obsttorte

Zutaten:
Für den Teig:
200 g Mehl
100 g Zucker
125 ml Milch
1 EL Butter
1 Prise geriebene Zitronenschale
½ Päckchen Backpulver

Für den Belag:
750 g frisches Obst (z. B. Beeren, Äpfel, Marillen, Zwetschgen)
2 Eier
2 EL Zucker
2 EL Milch
1 EL Mehl
1 Päckchen Vanillezucker

Alle Zutaten für den Teig in eine Schüssel geben und mit einem Handrührgerät gründlich vermengen. Eine Springform mit etwas Butter einfetten und mit Mehl bestäuben. Den Teig in die Springform geben und gleichmäßig verteilen, dabei auch einen etwa 1 cm hohen Rand andrücken. Das gewaschene, zerkleinerte Obst auf den Tortenboden geben. Die Eier trennen und aus dem Eiweiß einen festen Eischnee schlagen. Das Eigelb mit den restlichen Zutaten verrühren. Anschließend den Eischnee vorsichtig unterheben und über das Obst gießen. Die Torte im vorgeheizten Ofen bei 180 °C etwa 45 Minuten backen.

Kaiserschmarren

Zutaten: 5 Eier
180 g Mehl
350 ml Milch
90 g Rosinen
1 EL Butter
1 Prise Salz
2 EL Zucker
Etwas geriebene Zitronenschale

Eier trennen. Das Eigelb, Mehl, 1 EL Zucker, Salz und Zitronenschale in einer Schüssel zu einem Palatschinkenteig verrühren. Die Eiweiße mit dem Mixer zu einem festen Eischnee schlagen. Den Schnee und die Rosinen vorsichtig unter den Teig heben.

Die Butter in der Pfanne erhitzen, die Masse portionsweise einfüllen und beidseitig goldgelb anbraten.

Sobald der Teig goldgelb ist, kann man ihn mit einer Gabel und einem Löffel in kleinere Stücke zerreißen.

Nochmals etwas Zucker darüberstreuen, das Ganze kurz karamellisieren und mit Apfelkompott oder Vanillesoße servieren.

Apfelauflauf

Zutaten: 8 kleine möglichst gleich große Äpfel
3 Eier
8 EL Zucker
3 EL Semmelbrösel
1,5 l Wasser
½ Zitrone
Marillenmarmelade

Backofen auf 180 °C vorheizen. Die Äpfel schälen und lediglich das Kerngehäuse der ganzen Äpfel ausstechen. 1,5 l Wasser mit 2 EL Zucker aufkochen, die Äpfel hineinlegen und bissfest andünsten, herausnehmen und auskühlen lassen. Die Eier trennen und das Eiweiß zu einem steifen Eischnee schlagen. In einer Schüssel die Eigelbe mit dem restlichen Zucker, dem Saft und der geriebenen Schale der Zitrone schaumig rühren. Die Brösel hinzufügen und den Eischnee vorsichtig untermischen. Danach die Äpfel nebeneinander in eine gebutterte, mit Bröseln bestreute Auflaufform stellen. Die ausgestochenen Löcher im Gehäuse mit Marillenmarmelade füllen und die oben angerührte Masse darüber verteilen. Das Ganze bei 180 °C ca. 30 Minuten backen.

Süße Kartoffelnudeln

Zutaten: 500 g runde mehlige Kartoffeln
120 g Mehl
20 g Gries
30 g Butter (für den Teig)
100 g Semmelbrösel
60–80 g Butter (für die Bröselmischung)
1 Ei
Salz

Kartoffeln in Salzwasser weich kochen und noch warm durch die Kartoffelpresse drücken. Nun möglichst schnell mit 30 g Butter, Gries und Mehl zu einem glatten Teig verarbeiten. Den Teig in mehrere Teile schneiden und jeden Teil in eine etwa daumendicke Rolle formen. Reichlich Wasser in einem großen Topf aufkochen und salzen. Die Teigrollen nun in nussgroße Stücke schneiden und auf einem bemehlten Brett zu etwa 5 cm langen und an beiden Enden gespitzten Nudeln formen. Die Nudeln in das kochende Wasser geben und etwa 5 Minuten lang köcheln lassen. 60–80 g Butter langsam in einer großen Pfanne zerlassen und die Brösel einrühren. Die Nudeln in einem Sieb abgießen und in die Pfanne geben. Kurz durchrühren und mit Zwetschgenröster oder Marillensoße servieren.

Tipp: Für die Marillensoße Marillenmarmelade mit etwas heißem Wasser und einem Spritzer Weißwein zu einer Soße verrühren.

Quarkknödel

Zutaten: 250 g Speisequark
1 Ei
2 EL Gries
2 EL Semmelbrösel
2 EL Sonnenblumenöl
Salz
50 g Semmelbrösel zum Wälzen

Quark, Öl, Ei, Gries und 2 EL Semmelbrösel in einer Schüssel zu einem Teig verarbeiten und im Kühlschrank etwa 30 Minuten ruhen lassen. Wasser in einem Topf aufkochen und salzen. Aus dem Teig Knödel formen und ins kochende Wasser geben. Hitze reduzieren und etwa 7 Minuten leicht köcheln lassen, bis die Knödel an der Oberfläche schwimmen. Die restlichen Semmelbrösel in einer Pfanne ohne Öl goldbraun rösten und dabei immer wieder durchrühren. Die fertigen Knödel in den Bröseln wälzen und mit Kompott, Apfelmus, Beerensoße oder Puderzucker servieren.

Apfelknödel

Zutaten: 500 g Äpfel
250 g Mehl
2 Eier
2 EL Milch
60 g Butter
1 EL Zitronensaft
1 Prise Salz
1 Messerspitze Backpulver
Zimt, 2 EL Zucker

Aus dem Mehl, den Eiern, Backpulver und der Milch einen festen Nockerlteig herstellen. Mit etwas Salz, dem Saft und der abgeriebenen Schale der Zitrone verfeinern. Die gewaschenen Äpfel vierteln, entkernen, in kleine Würfel schneiden und unter den Nockerlteig mischen. Wasser in einem großen Topf aufkochen und salzen. Einen Esslöffel zuerst in das kochende Wasser halten, anschließend damit große Nockerl ausstechen und ins Wasser gleiten lassen. Hitze reduzieren und etwa 15 Minuten leicht köcheln lassen. Wenn die Nockerl an der Oberfläche schwimmen, herausnehmen, abtropfen lassen, mit Zimt und Zucker bestreuen und mit zerlassener Butter übergießen.

Apfelschmarren

Zutaten: 3 mittelgroße Äpfel
3 Eier
150 g Mehl
30 g Zucker
250 ml Milch
1 Prise Salz
Butter zum Anbraten

Die Eier trennen: Das Eiweiß zu festem Eischnee schlagen; die Eigelbe in einer Schüssel mit dem Zucker schaumig rühren, Mehl, Milch und eine Prise Salz dazugeben, verrühren, bis ein dickflüssiger Teig entsteht. Die Äpfel schälen, vierteln, entkernen, feinblättrig schneiden und unter den Teig mischen. Anschließend vorsichtig den Eischnee unterziehen. In einer großen Pfanne ein wenig Butter zerlassen. Die Hälfte des Teigs in die Pfanne gießen und bei kleiner Hitze langsam auf beiden Seiten anbraten. Wenn auch die zweite Seite goldgelb ist, das Ganze in der Pfanne mit zwei Löffeln auseinanderreißen und nochmals kurz rösten. Den Bratvorgang so lange wiederholen, bis der Teig leer ist; die fertigen Schmarren währenddessen warm stellen und anschließend mit Zucker bestreut servieren.

Palatschinkenauflauf

Zutaten: 750 g Äpfel
150 g Rosinen
4 Eier
200 g Mehl
150 ml Milch
250 ml Wasser
150 ml saure Sahne
1 Zitrone
100 g Butter
150 g Zucker
1 Päckchen Vanillezucker
Salz

Das Mehl in eine Schüssel, 150 ml Milch, 250 ml Wasser, 2 Eier und etwas Salz miteinander verquirlen. Den Teig etwa 30 Minuten ruhen lassen. In der Zwischenzeit die Äpfel schälen, halbieren, entkernen, grob raspeln und sofort mit Zitronensaft beträufeln. Anschließend mit dem Vanillezucker, 120 g Zucker und Rosinen vermengen. Butter in der Pfanne erhitzen und jeweils einen großen Schöpflöffel Teig hineingeben, beidseitig backen und warm stellen. Den Backofen auf 180 °C vorheizen und eine Auflaufform mit Butter einfetten. Die Füllung auf die Palatschinken streichen, einrollen und nebeneinander in die Auflaufform legen. 2 Eier mit dem restlichen Zucker, der sauren Sahne und einer Prise Salz verquirlen und über die Palatschinken gießen. Auf mittlerer Schiene etwa 45 Minuten backen.

Schokonusskuchen

Zutaten: 40 g geriebene Walnüsse
1 EL Kakaopulver
130 g Mehl
750 g Zucker
125 ml Milch
1 TL Vanillezucker
½ Päckchen Backpulver
1 Prise Salz

Alle Zutaten in eine Rührschüssel geben und zu einem Teig gut verrühren. Eine Kuchenform mit etwas Butter einfetten und mit Mehl stauben. Den Teig einfüllen und im vorgeheizten Ofen bei 180 °C ca. 50–60 Minuten backen.

Tipp: Den Kuchen mit einem Zahnstocher anstechen. Wenn kein Teig am Zahnstocher haften bleibt, ist der Kuchen fertig.

Süße Quarknudeln

Zutaten: 500 g Spiralnudeln
250 g Magerquark
50 g Butter
50 g Zucker

Die Nudeln nach Packungsanleitung in Salzwasser kochen. In der Zwischenzeit die Butter in einem Topf zerlassen. Den Quark einbröseln und den Zucker unterrühren. Anschließend mit den abgetropften Nudeln vermischen und servieren.

Apfel-Quarkauflauf

Zutaten: 500 g Äpfel
500 g Magerquark
3 Eier
60 g Gries
120 g Zucker
2 EL Milch
1 EL Butter
Saft einer Zitrone

Backofen auf 120 °C vorheizen. Die Äpfel schälen, vierteln, entkernen und in feine Scheiben schneiden. Die Äpfel in einer Schüssel mit dem Saft einer Zitrone beträufeln. Den Quark mit den Eiern und den restlichen Zutaten zu einem Teig verrühren und die Äpfel unterheben. Eine Auflaufform einfetten und die Masse hineinfüllen. Im Ofen so lange backen, bis die Oberfläche des Auflaufs goldbraun ist.

Gebackene Apfelringe

Zutaten: Palatschinkenteig, siehe hierzu Grundrezept Palatschinken, Seite 58

Apfelringe:

1,5 kg Äpfel
Puderzucker, Zimt
Sonnenblumenöl oder Butter zum Anbraten

Palatschinkenteig wie auf Seite 58 im Grundrezept Palatschinkenteig zubereiten.

Die Äpfel schälen, das Kerngehäuse ausstechen und in etwa 5 mm dicke Ringe schneiden. Öl in einer Pfanne erhitzen. Die Apfelringe einzeln mit einer Gabel in den Teig tauchen, kurz abtropfen lassen und im Öl beidseitig goldgelb braten. Mit Puderzucker und Zimt bestreut servieren

Kartoffelnudeln mit Mohn

Zutaten: Für den Kartoffelnudelteig siehe Süße Kartoffenudeln, Seite 148
50 g Butter
50 g Zucker
50 g geriebener Mohn

Die Kartoffelnudeln wie bei Süße Kartoffenudeln (siehe Seite 148) zubereiten.

Die Butter in einer Pfanne zerlassen und mit dem Mohn und dem Zucker gut vermischen. Die abgetropften Kartoffelnudeln darin wälzen, erhitzen und servieren.

Griesschmarren

Zutaten: 350 g Gries
120 g Butter
30 g Zucker
250 ml Milch
1 Prise Salz, Rosinen

Milch in einem Topf auf kleiner Flamme unter ständigem Rühren aufkochen und die Butter, den Zucker und das Salz einrühren. Anschließend langsam den Gries einrühren, die Rosinen dazugeben und verrühren, bis die Masse fest wird. Anschließend in eine Pfanne oder eingefettete Auflaufform geben und bei geringer Hitze im Backofen fertig dünsten. Der Schmarren sollte locker, fluffig sein und nur ganz vereinzelt Krusten aufweisen. Mit Zucker bestreut servieren. Dazu passen Kompotte oder Zwetschgenröster.

Kokosreis

Zutaten: 2 Tassen Basmatireis
2 Dosen Kokosmilch
3 EL Zucker
Frisches Obst der Saison

Den Reis mit der Kokosmilch in einen Topf geben und mit dem Zucker verrühren. Das Ganze einmal aufkochen und anschließend unter Rühren bei mittlerer Hitze etwa 20 Minuten köcheln lassen. Der Kokosreis ist fertig, wenn die Flüssigkeit aufgesogen und der Reis weich ist. Mit Obst und Früchten nach Saison garniert servieren.

Apfelspatzen

Zutaten: 5 Äpfel
5 Eier
3,5 Tassen Mehl
3,5 EL Kristallzucker
3,5 EL Butter
½ Zitrone oder 1 EL Zitronensaft
Zimt, Puderzucker
Salz

Aus Mehl, Eiern, Salz und Wasser einen Nockerlteig herstellen. Wasser in einem großen Topf aufkochen. Äpfel schälen, vierteln, entkernen, in schmale Spalten schneiden und mit etwas Zitronensaft beträufeln. Sobald das Wasser kocht, etwas Salz hineinstreuen und die Nockerl entweder schaben, hineinreiben oder mit einem Teelöffel ausstechen und ins kochende Wasser geben. Etwa 5 Minuten köcheln lassen und gegebenenfalls durchrühren. Nockerl abseihen und zur Seite stellen.

In einer Pfanne die Butter langsam zerlassen, die Apfelstücke zugeben und kräftig von allen Seiten anbraten. Die Apfelstücke mit ausreichend Kristallzucker bestreuen, um sie zu karamellisieren. Jetzt die Nockerl dazugeben, alles durchrühren und mit Zimt und Puderzucker bestreut heiß servieren.

Süße Topfenfladen

Zutaten: 500 g Magerquark
6 Eier
750 g Mehl
8 EL Semmelbrösel
250 g Margarine
Butter
Zimt, Zucker, 1 Prise Salz

Die Margarine in einer Schüssel schaumig schlagen. Nach und nach die Eier und eine Prise Salz zugeben. Den Quark locker mit dem Mehl und der Margarine vermischen. Fladen formen und in siedendem Wasser ca. 5 Minuten kochen. Die Fladen abtropfen lassen und mit Zimt und Zucker bestreut servieren.

Tipp: Die Topfenfladen können auch als herzhafte Speise zubereitet werden, indem anstelle von Zimt und Zucker 150 g geriebener Käse (z. B. Mozzarella oder Parmesan) auf die Fladen bestreut werden. Hierzu passt grüner Salat.

SÜSSES

Quark-Obstkuchen

Zutaten: 250 g Speisequark
120 g Butter
200 g Puderzucker
2 Eigelbe
100 g Mehl
2 TL Zimt
1 Päckchen Vanillezucker
½ Päckchen Backpulver
Frisches Obst der Saison

Butter, Eigelbe und Puderzucker in einer Schüssel schaumig rühren. Den Quark einrühren und die restlichen Zutaten – bis auf das Obst – untermischen. Ein Backblech mit Backpapier auslegen und den Teig gleichmäßig darauf verstreichen. Jetzt mit frischem Obst belegen und etwa 30 Minuten bei 180 °C im Ofen goldgelb backen.

Schneller Schokokuchen

Zutaten: 200 g Zucker
2 Eier
150 g Mehl
1 Tasse Milch
60 g Butter
2 TL Backpulver
2 EL Kakao

Backofen auf 190–200 °C vorheizen. Die Milch unter Rühren aufkochen. Alle Zutaten in einer Schüssel mit der heißen Milch verrühren. Den Teig in eine eingefettete Backform geben und etwa 30 Minuten im Ofen backen.

Aufstriche, Dips und Snacks

Grundrezept Lángos

Zutaten: 400 g Mehl
15 g Hefe
500 ml lauwarme Milch
1 Prise Salz
250–500 ml Maiskeimöl zum Anbraten

5 EL lauwarme Milch mit der Hefe in einer großen Schüssel verrühren, 100 g Mehl hineingeben, bis es leicht bindet, mit einem Küchentuch abdecken und an einem warmen Ort etwa 20–25 Minuten gehen lassen. Anschließend abwechselnd das restliche Mehl und die Milch hinzufügen, verrühren, salzen und kneten, bis ein fester Brotteig entsteht. Den Teig mit Mehl bestäuben und wiederum etwa 1 Stunde an einem warmen Ort zugedeckt gehen lassen. Wenn der Teig aufgegangen ist, mit öligen Händen handtellergroße Fladen formen und kneten, sodass eine dünne Teigfladen entsteht. Öl in einer Pfanne erhitzen und die Fladen nacheinander vorsichtig hineinlegen und von beiden Seiten goldbraun braten. Herausnehmen, mit Küchenrolle abtupfen und mit Knoblauchöl bepinseln.

Tipp: Dazu passt eine einfache Soße aus saurer Sahne, Salz und Knoblauch.

Gefüllte Lángos

Zutaten für die Füllung:
12 Scheiben gekochter Schinken
6 Scheiben geschnittener Gouda oder Feta
1 kleine gewürfelte Zwiebel

Den Lángos-Teig nach dem Grundrezept (siehe oben) vorbereiten und zu dünnen Teigfladen kneten.

Schinken und Käse klein schneiden. Die ausgerollten Teigfladen nun zur Hälfte mit Zwiebeln, Schinken und Käse belegen und in der Mitte zusammenklappen. Die Ränder leicht zusammendrücken, in eine Pfanne mit heißem Öl geben und von beiden Seiten goldbraun braten.

Tipp: Auch hierzu passt eine einfache Soße aus saurer Sahne, Salz und Knoblauch.

Bärlauchaufstrich

Zutaten: 4 große Handvoll
Bärlauchblätter
200 g Schafskäse
100 g Joghurt
40 g saure Sahne
2 EL Olivenöl
1 TL Zitronensaft
Salz, Pfeffer

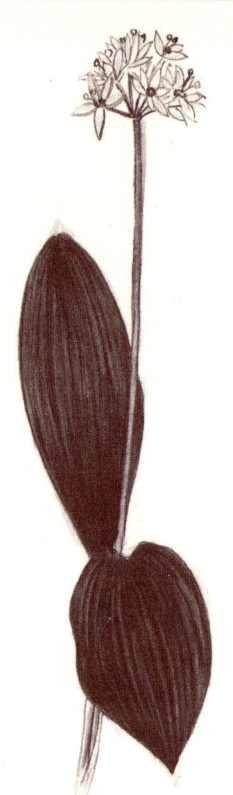

Bärlauchblätter waschen und anschließend fein hacken. Den Schafskäse in eine
Schüssel bröseln und mit den Bärlauch-
blättern und den restlichen Zutaten so
lange pürieren, bis eine cremige Masse
entsteht.

Löwenzahnaufstrich

Zutaten: 150 g Löwenzahnblätter
50 g geriebener Parmesan
100 g Sonnenblumenkerne
150 g Quark
150 g saure Sahne
3 Knoblauchzehen
4 EL Sonnenblumenöl

Löwenzahnblätter gründlich waschen und in feine Streifen schneiden.
Die Knoblauchzehen schälen und in möglichst kleine Würfel hacken.
Sonnenblumenöl in einer Pfanne erhitzen und den Knoblauch zusammen mit den Sonnenblumenkernen rösten. Danach die gerösteten Sonnenblumenkerne, den Knoblauch und den Parmesan in ein hohes Gefäß
füllen und pürieren, bis eine cremige Masse entsteht und mit dem Quark
und der sauren Sahne verrühren. Anschließend die Löwenzahnblätter
beigeben, kurz kalt stellen und zu frischem Roggenbrot servieren.

Sardinen-Frischkäseaufstrich

Zutaten: 2 Dosen Ölsardinen
2 Packungen Frischkäse (pur oder mit Kräutern)
Zitronensaft
Pfeffer, Schnittlauch, getrocknete Chiliflocken

Sardinen und Frischkäse in einer Schüssel gründlich vermischen. Zitronensaft dazugeben, mit Pfeffer und Chiliflocken würzen. Ein wenig ziehen lassen und mit Schnittlauch bestreut servieren.

Radieschenaufstrich

Zutaten: 1 Bund Radieschen
500 g Joghurt
5 EL Mayonnaise
Salz, Pfeffer, Kräuteressig, Olivenöl

Radieschen vom Stängel lösen und waschen. Anschließend halbieren und in feine Scheiben schneiden. Die Radieschenscheiben, Joghurt und Mayonnaise vermischen und mit Salz und Pfeffer würzen.

Tipp: Zum Verfeinern noch etwas Kräuteressig und Olivenöl hineingießen und vermengen.

Bärlauchmus

Zutaten: 120 g Bärlauch
100 ml Olivenöl
15 g Salz
Olivenöl zum Auffüllen
3–4 verschließbare Gläser

Bärlauch waschen und fein hacken. Anschließend mit 100 ml Öl vermengen, Salz dazugeben und so lange rühren, bis sich das Salz aufgelöst hat. Die Masse pürieren, danach in die Gläser füllen und mit Öl auffüllen.

Tipp: Das Bärlauchmus eignet sich als Brotaufstrich oder kann in Soßen, zu Salaten und Gegrilltem verwendet werden.

Brennnesselpesto

Zutaten: 100 g junge Brennnesselblätter
30 g Kürbiskerne
40 g geriebener Hartkäse
1 Knoblauchzehe
Olivenöl
Salz, Pfeffer, Muskat

Brennnesselblätter waschen und klein schneiden. Die Knoblauchzehe fein hacken und zu den gehackten Brennnesselblättern in eine Schüssel geben. Die Kürbiskerne in einer Pfanne in etwas Butter goldbraun rösten und ebenfalls in die Schüssel geben. Danach den Parmesan einstreuen und das Ganze pürieren. Währenddessen langsam Öl zugeben, damit die Masse cremig, aber nicht flüssig wird. Mit Salz, Pfeffer und Muskat abschmecken. Sofort verwenden oder in Gläser füllen, etwa 1 cm hoch mit Öl bedeckt verschließen und an einem kühlen Ort lagern.

Joghurtsoße

Zutaten: 1 Becher Joghurt
250 g saure Sahne
1 kleine fein geschnittene Zwiebel
3 Knoblauchzehen
Salz, Pfeffer, Curry

Joghurt mit der sauren Sahne in einer Schüssel vermengen. Die fein geschnittene Zwiebel und den gepressten Knoblauch in die Schüssel geben, mit Salz, Pfeffer und Curry würzen, gut durchrühren und kalt stellen.

Löwenzahnsoße

Zutaten: 250 g frische Löwenzahnblätter
1 Ei
3 EL geriebener Hartkäse
1 kleine in Ringe geschnittene Zwiebel
Pflanzenöl
2 EL Kräuteressig
250 ml Gemüsesuppe
Salz, Pfeffer

Löwenzahnblätter unter kaltem Wasser gründlich waschen und klein schneiden. Salzwasser in einem Topf aufkochen und die Löwenzahnblätter etwa 15 Minuten leise köcheln lassen. Danach abseihen und beiseite stellen. Die Zwiebelringe in einem mit Öl erhitzten Topf glasig dünsten, Essig dazugeben und verdampfen lassen. Anschließend die Suppe hineingießen und aufkochen lassen. Die Löwenzahnblätter dazugeben und auf kleiner Flamme bei gelegentlichem Rühren köcheln lassen. Das Ei mit dem geriebenen Käse in einer Tasse schaumig schlagen, salzen, pfeffern und langsam in die köchelnde Soße einrühren.

Tipp: Die Soße passt zu Kartoffeln, pikantem Palatschinken und Knödeln.

Kleine Fladenbrote

Zutaten: 500 g Mehl
250 ml Cola
2 Päckchen Trockenhefe oder 1 Würfel Hefe
Reichlich Kräuter (z. B. Oregano, Basilikum, Rosmarin)
3 EL Olivenöl
2 TL Salz

Mehl, Salz, Hefe und Kräuter in einer Schüssel gut verrühren. In der Mitte eine Mulde formen; Öl und Cola in die Mulde geben und mit einer Gabel von innen nach außen verrühren, bis die Masse zäh wird. Den Teig mit bemehlten Händen weiterkneten, sodass ein glatter Teig entsteht, der nicht mehr klebt. Den Teig in einer Schüssel mit einem Geschirrtuch zudecken und an einen warmen Ort stellen, wo er bis zur doppelten Größe aufgehen soll. Ist der Teig aufgegangen, nochmals kurz durchkneten und in handtellergroße Stücke teilen. Die Portionen zu flachen Fladen formen und mit dem Nudelholz ausrollen; die Fladen sollen etwa 5 mm dick sein. In einer Pfanne Olivenöl erhitzen und die Fladen beidseitig goldgelb braten.

Tipp: Die kleinen Fladenbrote passen zu Salat, schmecken aber auch mit einem Knoblauchdip oder pur.

Heißes Knoblauchbrot

Zutaten: 8 Scheiben Brot
8 Knoblauchzehen
4–5 Tomaten
Olivenöl
Salz, Pfeffer, Basilikum, gehackte Petersilie

Die Brotscheiben toasten. Den Knoblauch schälen und klein schneiden. Die Tomaten waschen und in dünne Scheiben schneiden. Die getoasteten Brotscheiben mit dem gepressten Knoblauch großzügig bestreichen, mit den Tomatenscheiben belegen, Basilikum und Petersilie darauf verteilen, salzen, pfeffern und mit etwas Olivenöl beträufeln.

Knoblauch-Käse-Joghurt-Dip

Zutaten: 200 g Schafskäse
1 Becher Joghurt
250 g saure Sahne
3–4 Knoblauchzehen
2 EL Olivenöl
Salz, Cayennepfeffer, 1 kleine Chili

Schafskäse in einer Schüssel zerkleinern, mit dem Joghurt, der sauren Sahne und Olivenöl vermengen und anschließend den gepressten Knoblauch hinzufügen. Mit Cayennepfeffer, Salz und Chili abschmecken und nochmals gut verrühren.